一流家電メーカー「特殊対応」社員の告白

笹島健治

ディスカヴァー携書
187

プロローグ

「おい！　さっきも言うたけど、とにかく俺の目の前で修理せえへんかったら、こいつでぶった斬るぞ！　わかってるんか！！」

日本刀の抜き身が鞘からすべり出し、さっと私の目の前に刃先が向けられました。

「ひっ！」

切っ先から逃げたい私は、悲鳴にならない小さな悲鳴をあげながらソファの背もたれに背中をぶつけるようにして反射的にのけぞりました。銀色に光る刃先はすーっと私を追いかけてきて、目の前でかすかに震えています。

私は手にしている故障したパソコンを放り投げて、全力で宇宙のはてまで逃げたい衝動に駆られましたが、体が硬直して動きません。

「おい！　なんとか言わんかい！」

私は実物の日本刀の抜き身を見るのも初めてならば、刃先を目の前に突きつけられたのも初めてです。ギラリと光る刃を見つめていると、血飛沫があがるところをリアルに想像してしまい、恐怖の塊が胸の奥深くからいっせいに這いあがってきます。

やがて血の気が引いていき、身体中が小刻みに震えはじめ、気を失いそうになりました。

でも何か言わないと。

「すみません。いま、この場でパソコンを修理するのは技術的にムリなので、持ち帰らせていただき、しっかりと修理をさせてください。どうかお願いします」

隣には、転職してきてまだ3カ月ほどしかたっていない後輩の金山昭則《かなやまあきのり》君（仮名）がいます。金山君は全身を硬直させ、うつむいたまま目を固く閉じています。彼は前職ではメーカーで液晶ディプレイを開発する技術者でした。

何か声をかけなければ……と思いましたが、私にもそんな余裕はありません。

「おい！　さっきから同じことばっかり言わせやがって！　大事なデータが入っとるんや！　とにかくここで修理しろ！　部品を持って来てないんやったら、取って来てなんとかしろ！」

先ほどから怒っているのは、暴力団構成員のお客様です。お名前は権常佳盛《ごんじょうよしもり》様（仮名）。

私たちが訪問したのは大阪の某所にある事務所で、うかがったのは午後9時でした。日本刀が抜かれたのは、それからわずか20分後だったと思います。

場違いな部屋のソファに座っている私と金山君は、日本を代表する電機メーカーの一つであるA社のグループ会社に所属する会社員です。職場はA社のノートパソコンである「compnote」（製品名は仮名です）のショールーム「テクノサポートセンター」（仮名）で、本来の業務は、来館されるお客様のcompnoteのトラブルを解決する技術対応を行ったり、修理をしたりするヘルプデスクなのです。

当時の私の役職は参事でした。ハードなクレームや技術的無理難題をお申し出になるお客様のお相手には私があたることが多く、対応に追われる私を見て、社内では「よっ、大参事！」（よっ、大惨事！）と、こっそり声をかけられることもしばしばありました。

サポートセンターでは受けきれないハードなクレーム

ところで、なぜいま、私と金山君が暴力団事務所にいるのかというと、ことの発端は3日前にテレフォンサポート窓口に入った一本の電話でした。

「おい！　おまえのとこのへたれパソコン、動かんようになったやないか！　とっとと修理しに来んかい！」

このような言葉遣いはさておき、「修理に来てくれ」という電話はテレフォンサポート窓口では日常茶飯事です。

ふだんであればどんなに頼まれても怒鳴られてもひたすら謝罪し、「出張修理は体制として行っておらず、宅配便を使ってパソコンを送っていただいてから修理を行います。修理完了後、あらためて宅配便を使ってお客様まで配達していきます」ということを、ていねいに説明しご理解いただいています。ところが稀《まれ》に、何がなんでも出張しろと譲らないお客様もいらっしゃって、権常様もそういったお一人でした。

対応したテレフォンサポート窓口のスタッフは、電話口を通して罵詈雑言をあびせられ、湧きあがる感情を抑えながら忍耐強く対応を続けていました。

やがて、権常様とやりとりするうちに、スタッフは「もしかしたら発送したくない怪しい事情があるのではないか」と思いつき、権常様にcompnote本体を裏返していただき、底面に貼られているシールに印刷されている型番と製造番号[注1]を聞きました。そしてすぐさまそれらを、社内のデータベースに照会したのです。

データベースには、購入したお客様がユーザ登録したときの名前や住所などの個人情報とあわせて、のちにサポートを受けたり修理をした場合には、それらの情報も記録されるようになっています。社内では、そういった情報がサポートスタッフの目の前にあるモニタ画面に表示されるのです。

「厄介だが、慎重を要す」誰かが対応しなければならない顧客

モニタに映された画面の備考欄には「盗難されたcompnote」と記載されていました。

しかも、そのパソコンはある大手生命保険会社の業務で使用されていたcompnoteであること、中には5万人以上の顧客データが記録されていること、1カ月程前に車上荒らしにより盗まれたものであること、そして「当該機について問い合わせが入った場合は即時、上長に報告のこと！　また、修理が必要との説明を行い必ず回収のこと！」との記載もありました。

電話口のスタッフは、厄介ごとを引いてしまったことで内心舌打ちをしながらも、平静

を装って権常様との会話を続けながら、上長であるスーパーバイザーに「緊急」と題したメールを送信しました。

　メールはすぐさまサポートセンターの責任者に転送され、そこから本社に転送され、社内のさまざまな部署を駆けめぐり、最終的に東京本社にいる佐藤役員（仮名）から『特殊対応』として業務にあたれ」と、テクノサポートセンターの私のところに指令が来たのでした。


「特殊対応」とは「compnoteを使用している特殊な顧客に対する特殊な対応」を意味する社内隠語です。

「特殊な顧客」を具体的にいうと、A社に影響力のある有名人、政治家、高級官僚、あるいはA社の数ある関連事業にとって重要となる顧客とその関係者、およびそれらの親族、知人、愛人……。さらに、世間には決して公表できないような人物や、今回のような犯罪に関係する人物などです。

　つまり、慎重を要し、総じて厄介で、誰も対応したくないけれど誰かが対応しなければならない顧客への、規格外の対応を「特殊対応」と呼称していました。

この特殊対応は、社内でもほとんど知られることのなかった、いわば隠秘任務でした。そして、この特殊対応の指令は、なぜか東京本社の佐藤役員から直接下されることがルールでした。

さて、権常様がこの盗難にあったcompnoteをどのような経路で入手したのかはともかく、中に入っているデータの価値は知っているようです。

つまり、このデータを取り出して大手生命保険会社を強請《ゆす》ろうとしていた可能性があるのです。ところが、compnoteが起動しなくなり、強請《ゆすり》のネタになる顧客データを見ることができなくなったことから、サポートに修理の依頼が入ったという見立てができました。

じつはこのcompnoteは盗難にあったあと、しばらくしてから誰かが起動させ、インターネットに接続したことがわかっていました。なぜなら、あらかじめこのcompnoteには、インターネットに接続される都度、パソコンがどのような状態にあるのかを示すいくつかのシグナル（信号）が生命保険会社のサーバに送られるようプログラムされていたのです。

今回の盗難後も、そのシグナルがサーバに送られてきていました。

暴力団事務所から盗難品を回収するのが会社員の仕事？

サーバというのは簡単にいうと「パソコンの親分」です。その親分につき従う子分になる何台ものパソコンを、一括して、何か問題がないかどうか監視したり、面倒を見たりします。場合によっては、〝とどめ〟を刺すこともあるのです。

今回の場合は、サーバにシグナルが送られた時点で、記録されている顧客データの流出を防ぐために、compnote本体を起動できないように細工がされていたのです。つまり、compnoteが起動するために必要ないくつかのファイルを遠隔操作によって消去し、起動できないようにすることで、いわばとどめを刺したのです。

こうなってしまえば、何度電源を入れても画面上には「System not found」（システムが見つかりません）というメッセージが表示されるだけで起動しません。[注2]

電話口のサポートセンターのスタッフは引き続き、なんとかして、このcompnoteの宅配便での発送を納得していただき、回収しようと粘りますが権常様は譲りません。

そこで社内で協議のうえ、権常様に住所を聞いたところ暴力団事務所だと判明しました。間違いなく、今回のケースは「特殊対応」です。

社内では、表向きはコンプライアンス上、社員が暴力団事務所を訪れたり、暴力団関係者と接触したりすることは厳禁となっています。でも、「特殊対応」であれば誰かが行くしかありません。

今回の場合は、何がなんでもcompnoteを回収しなければなりません。訪問したら、とりあえずかたちばかりの故障診断を行ったうえで、「やはり持ち帰って修理する必要があります」と伝えて納得してもらい、compnoteを預かって持ち出す計画でした。

ところが、ことはそううまくは運びません。

日本刀を突きつけて目を血走らせている権常様は、いまにも切りつけてきそうな勢いです。私は震える身体を押さえつけて、早口ですが力を込めて言いました。

「上司に相談したいので電話します」

私は返事を待たずに急いで鞄から携帯電話を取り出して、ある番号にかけました。

「おう、どんな感じや。もう限界か？」

電話口からはいつもどおりの野太い元気な声が聞こえてきます。

「はい。限界です。無理です。動けません」

「よっしゃ、監禁、強要、その他もろもろやな。待っときや。助けたるわ」

それだけ言うと、そのまま電話が切れました。

「いまの上司か？　おまえ、どこに電話したんや？」

そのときです。

事務所入り口のドアがドンドンと強くノックされる音が聞こえてきました。

「おい！　大阪府警や！　開けろ！　善良な市民を監禁してビビらせてるのはわかってるんやぞ！　開けろ！」

言い終わるか終わらないかのうちにドアが開かれ、すぐ近くのコンビニエンスストアの駐車場で待機していた大阪府警警察本部の大原刑事（仮名）を先頭に、警察官たちがなだれ込んできたのです。

「おい！　そこの二人に少しでも触れたらしばき倒すぞ！　刀をどけろ！」

恐ろしげな顔をした大原刑事はそう言って凄むと、なんら躊躇することもなく日本刀を手に持つ権常様を目がけてずかずか歩みよりました。大原刑事は見た目だけでいえば警察官よりはヤクザに近いでしょう。

今度は権常様が凍りつく番でした。警察官に取り囲まれてしまい、もう逃げ場はありません。

警察との「もちつもたれつ」の関係

私はこれまでに何度も暴力団事務所に行きましたが、不測の事態に備えて、いつも事前に最寄りの警察署を訪問して打ち合わせをします。必ず、警察の協力のもとで暴力団事務所に向かうことにしていたのです。

大原刑事は私たちのほうを向いて言いました。

「お二人さん、打ち合わせ通り目を閉じてもらえるか。ここからは見たらアカンで」

私は言われていたとおりに目を閉じ、さらに両手で顔をおおい隠しました。薄目を開けて隣を見ると、金山君もしっかりと手で顔をおおっています。

打ち合わせでは、「なんらかの脅迫を受けて恐怖を感じ、閉じ込められれば刑事事件として取り扱うことができる。合図があれば、その時に突入する」という計画だったのです。

さらに、「突入したあとは、私と金山君はしばらくの間は目を固く閉じて何も見ないこと」になっていました。

A社は大企業であるがゆえに、脅迫、強請、たかりを受けることもままあります。そうしたことへの対策のために、警察OBが在籍しており、いざというときには警察の協力が得やすくなっていました（ただし、現在も警察OBが在籍しているのかどうかはわかりません）。

大原刑事いわく「自分はA社担当」で「定年退職後はA社にお世話になる」ことが決まっているそうです。

さて、その後の出来事については何が起こったのか見ていないので知りません。ただ、怒鳴り声や何かがぶつかるような音が聞こえたのはたしかです。

「あんたら、もう目を開けてもええで」

私と金山君はゆっくりと目を開けて部屋の様子をうかがいました。

大原刑事は、何やら激しい運動をしたあとのように頬が紅潮しています。テーブルの上にあった灰皿などの位置が前より乱れて見えました。権常様（もはや様ではない？）は顔を歪めてあさってのほうを向いています。

「そうしたら、あんたらはこのパソコン持って出て行って。ここからは警察のお仕事やさかい」

みなさんは、「証拠品であるパソコンを、警察が押収しないのか？」と疑問に思われるかもしれません。これはあくまで私の推測ですが、このケースでは、警察は形式としては「軟禁状態で脅迫されている民間人を助けるために来た」ことになっています。ここで警察がパソコンに関与してしまうと、裁判となり、「パソコンの事情」について世間に公表することになってしまいます。それは、生命保険会社としては絶対に避けたいことなので、なんらかの取り決めがあったのではないでしょうか。

「ヘルプデスク業務とそれに付随するその他業務」

こうして私と金山君は、なんとか問題のcompnoteを回収することに成功し、特殊対応を完了したのでした。

事務所の閉じたドア越しに、まだ大原刑事の大声が聞こえてきます。

「こんなしょぼい刀《もん》だけやったら話にならんぞ！　ほかにも何かあるやろ！　もっとええもん出せ！……」

「金山君、大丈夫か」

私は金山君の顔をのぞき込むようにして聞きました。

「はい。なんとか……でも、こんな仕事もう嫌です。前にも言いましたけど、こんな業務をするなんて転職のときには聞いてなかったですよ。こんなのおかしいですよ」

金山君は力なく言います。たしかにそのとおりで、求人のときの条件は「ヘルプデスク業務とそれに付随するその他業務」です。この特殊対応は「その他業務」に含まれていたことになります。


私は寺田センター長（仮名）に電話をかけて、無事に回収できたことを報告しました。寺田センター長はテクノサポートセンターの責任者です。長年にわたり、お客様にひたすら謝り続けてきた寺田センター長は、2年後に迎える定年退職が楽しみで、誰にも頭を下げなくてもいい日々を送ることが夢なのだそうです。

「おぉ、そうか！　ようがんばったな。もう今日は夜も遅いし直帰してもええで」

あたりまえです。いまから職場に戻る気力はありません。

電話の向こうでは、テレビの音にまざってにぎやかな一家団欒の声が聞こえます。

「はい。わかりました。直帰させていただきます」

私は電話を切りました。金山君はこのままだと、心と身体のどちらかが壊れるかもしれない。その両方かもしれない。でも、その前に辞めるかもしれない。もしそうなったら、後任が見つかるまでの間、また一人で特殊対応にあたることになるのだろうか……。

数えきれないほどの土下座

さて、みなさんは、家族や友人はもちろん、社内の誰にも言えないこのような修羅場を体験し続ける業務をどう思われるでしょうか？

私は19年9カ月の間、A社のcompnoteとかかわってきました。最初の約9年間は大阪にあるcompnoteのショールーム「テクノサポートセンター」に配属され、ヘルプデスク（技術相談）を担当しました。そのかたわら、ご紹介したエピソードのような、世間には公表できない特殊な対応も行っていたのです。
テクノサポートセンターは、表向きはあくまでもcompnoteのショールームなので、最新のパソコンが何台も展示され、来館されるお客様は自由に操作することができるようになっていました。私や金山君を含めたスタッフは、販売促進のために新商品の紹介などを行っていたのです。

その一方で、警察からの捜査協力の要請を受けて、パソコンに保存されているデータの解析作業やパスワード解除などを行っていました。特殊対応を行ううちに恨みを買ってしまい、「殺すぞ」と脅迫されたり、引っ越しを余儀なくされたこともありました。訪問先で軟禁されたことも、権常様のケースだけではありません。テクノサポートセンターに配属されていた間は、土下座も数えきれないほどしたのを覚えています。

この業務を引き継がせてはいけない

2007年、ある事情でテクノサポートセンターは閉鎖となり、それにともなって私は東京へ転勤となります。異動辞令が出たとき、私は、特殊対応については継続して担当することを拒否するとともに、ほかの社員に対して引き継ぐこともいっさい拒否しました。

なぜなら、明らかにコンプライアンスに違反するような対応が多く、そもそも就業規則にも違反していたからです。そのため、組織上は特殊対応のための指揮命令系統は存在しないことになっており、人事評価に反映されることもまったくなかったのです。

しかも、特殊対応では強烈なストレスにさらされることになり、心身ともに疲弊してしまいます。そのうえ、会社としては、何か問題が起こったときには切り捨てやすい存在でもあったのです。


私は、このような業務を誰かに引き継ぐことで、新たな犠牲者を増やすようなことはしたくありませんでした。無関係となってからは、特殊対応を行っている社員がいたのかどうかは、私は知りません。

私は東京に転勤したあと、北海道から沖縄まで全国各地で行われる研修・セミナー・勉強会を行う講師となりました。おもに家電量販店向けに、compnoteの技術的な説明から売り方までを説明してまわるようになったのです。実施回数は約1500回、参加人数は延べ3万人以上にもなりました。

そして、2016年に、A社の経営上の不正問題に端を発した社内改革の一環でスタートした早期退職制度に応募し退職しました。

パソコンは所有者の人格そのもの、だから感情的になる

本書を読んでいただければ、パソコンがどれだけ多様な人々に、どれだけ多様な使われ方がされているのかがわかると思います。

そもそもパソコンとは「パーソナル・コンピュータ」の略称で、「個人のコンピュータ」という意味なのは、あたりまえすぎて忘れてしまっている人も多いでしょう。

その用途は、ホームページ閲覧、メールの送受信、SNS、文書作成、表計算、年賀状作成、ゲーム、動画視聴、デジカメ写真の保存などなど、ほかの電化製品ではありえないほど幅が広く、それだけに、使えば使うほど「パーソナル（個人的）なデータ」が蓄積されていきます。

また、人によっては、パソコンを名誉欲や金銭欲、あるいは性欲などの、人には言えな

い欲望を満たすための道具として使っていることもあるでしょう。

そうなると、ますますパーソナルな度合いを深化させた道具へとカスタマイズされることになり、それに比例して重要度も高くなり、思い入れも強くなります。もはや、その人のパソコンは、その人の人格そのものの写しであるともいえるのです。

そして、それまでなんの問題もなく使えていたパソコンに、予期せぬ故障などのトラブルが発生すると、不安や焦り、「自分ではどうしようもできない」ことへの怒りが湧き起こります。やがて、自分を抑えられないくらい感情的になったり、人によっては八つ当たりに過激なクレームをつけて、メーカーや販売店に過剰な要求をしたりするのです。


ただし、本書は、さまざまな「厄介な人」への特殊対応エピソードを紹介することが目的ではありません。

私は、本書で紹介する私と私の先輩、同僚たちのエピソードが、みなさんの「自らの働き方について見直すヒント」になればと願っているのです。


私は、特殊対応に従事しているとき、心の殻を突き破ろうとする「なぜ俺がこんな仕事を担当しないといけないのか?」という疑問に対して、いつも単純な理由を呪文のように唱えて、気持ちを抑えつけていました。

「誰かがやらなければならない仕事だから」

この答えになっていない答えで済ませてしまい、いつしか深く考えることを止めてしまったという後悔が、私にはあるのです。

人は、どう働くべきなのか

本書でご紹介する重クレームなどのエピソードは、すべて私の実体験に基づいていますが、個人名や団体名等を特定されることのないようにすべて仮名とし、対応の内容についても、時代背景や地域等をふくめて脚色している部分があります。

そして、いくつかのエピソードで登場する「大原刑事」ですが、この人物だけは、私がつくりあげた架空の人格です。しかし、実在しないわけではありません。過去に私が警察に対して捜査協力をする際に、必死に事件や事故を解決したいと思っているのに、さまざまな制約で思うような行動ができず悔しがっている捜査官を多く見てきました。それらの捜査官たちをミックスして、話がスムーズに進むよう、一人のキャラクターとして登場させたのが大原さんです。現実の刑事たちも、関西風の絶妙なセンスで冗談を言っていたのを、いつも感心しながら聞いていていたのを覚えています。

また、本書では、世間一般にはあまり知られていないであろうIT事情についても紹介しています。

いまやITは人間にとって欠かせない便利な道具でありながら、専門性が依然として高く、パソコンの箱の中身や、電子データのやりとりなど（目に見えない部分が多いこともあって）理解するのが難しい世界です。それにもかかわらず、さまざまな普通の人々と、本書に登場するような普通ではない人々が、日常的に手に取り、利用しているのは、じつは驚くべきことではないでしょうか。

本書では、ITの技術的な部分の一端をご紹介することで、「人とパソコンの関係」も、少しだけ見直してみたいと思っています。ただし、パスワード解除などの一部の技術については詳しく触れずに、簡略化しています。

本書は決して「A社はひどい会社だった」などと告発する目的で書いたものではありません。実際に、私はA社に入社できたことを誇りに思いますし、何よりも私の母が「息子が一流企業に就職できた」ことをたいへんよろこんでくれたのが、数少ない親孝行になったと思っています。

しかし、私が特殊対応の業務に就き、さまざまな経験を乗り越えて、やがて退職し、いま思うのは——「理不尽なことには声をあげるべきだ」「もうダメだ、死ぬしかないなんてことはない、逃げだせばいいんだ」ということです。これは、特殊対応にあたっていた当時の私自身に、そして私の先輩や同僚たちに、もっとも伝えたかったことでもあります。

本書は、糾弾本や暴露本ではありません。本書を「人はどう働くべきかを考える本」だと受け取っていただければ、著者として、とてもうれしく思います。

注1 一台一台の製品がもつ固有の番号のことです。
注2 この場合のシステムとはWindowsのことです。

一流家電メーカー　「特殊対応」社員の告白

目次

第1章　大病院の「建設データ」をサルベージせよ　33

第3章　画像は、行方不明の息子の居所を知っていた　91

第4章　どうしても韓流ドラマが観たいお客様　111

第5章　某国首相のパソコンに仕組まれた秘密　143

第1章

大病院の「建設データ」をサルベージせよ

私は、大阪湾が一望できる高層ホテルの1501号室のドアの前にいました。腕時計の針がちょうど午後8時を指しました。約束の時間です。

隣にいる寺田センター長がうなずいたので、私はインターホンを押しました。ドア越しにインターホンの音が部屋の中で鳴っているのが聞こえます。

しばらくするとドアがゆっくり開き、そこには目を血走らせた、酒で酔っていると思われる中年男性が白のランニングシャツ姿で立っていました。下半身もほぼ下着です。男性からは、お酒の臭いとともに怒りのオーラのような臭いが発散されていました(怒りに「臭い」などというものがあったとしたらですが)。

お客様のお名前は、森芳太郎(仮名)様といいます。年齢は58歳。

誰もが一度は名前を聞いたことがあるだろう「K医療法人」の理事長秘書であり、この病院の建設コンサルタントでもある、という特異な役職の森様は、「仕事で使っているcompnoteが壊れてしまった。病院建設にかかわる重要な資料がすべて消えてしまった」とのことで、サポートセンターに強烈なクレームを入れたのでした。

サポートセンターでは訪問サービスは行っていないのは「プロローグ」でも述べたとお

りですが、データ消失についても、メーカーとしては責任を負えないことを一律でお客様に説明しています。そのことは保証書などにも書かれていることを説明したのですが、納得していただけずデータ復元を強く要求。

結局、森様は個人的な人脈をたどってA社に強い影響力を持つある人物に訴えるにいたり、東京本社の佐藤役員から「大至急、特殊対応せよ」との指令が私に飛んで来たのです。しかも「寺田センター長も同行するように」ということですから、とくに慎重を要するケースとなりそうでした。

技術的な可能／不可能はいいから「とにかく要求に応じよ」

指令には「A社の医療機器事業にとって重要な顧客なので、なんでも要求どおりに対応し、ファイルを救出せよ」とありました。

A社は家電製造業だけではなく、さまざまな事業を展開しています。なかでも、医療機器事業がグループ全体の業績に占める割合が高く、もっとも優良事業とされているものの一つでした。しかも、大型医療機器販売は、たとえば1台数億円するものがあるなど高額であり、また家電と違って顧客の数はごく限られています。
同じ大型医療機器を製造販売している国内ライバル企業や海外医療機器メーカーなどと厳しいお客様の取りあいを日々繰り広げている分野なので、大手のK病院のご機嫌を損ねるわけにはいかないのでした。

しかし、「要求どおりに対応し、ファイルを救出せよ」とは、言うは易《やす》しですが、トラブルの内容によっては物理的に不可能な場合もあるのは、パソコンに多少でも詳しい方ならわかると思います。ところが、A社はパソコン事業を営んでいる企業であるにもかかわらず、経営幹部はパソコンの技術的なアレコレなんてほとんど理解していません。そのため、このような指令では、技術的に可能／不可能かがわからないことでも平気で安請けあいすることがあるのです。

知らない部屋、奪われた連絡手段、下着姿の男

「入れ」

森様は私たちの顔を見ずに言いました。

私と寺田センター長は部屋に入り、名刺を出して挨拶をし、続けて自社製品のトラブルでたいへんなご迷惑をおかけしたことをお詫びしました。メーカーの責任かどうかはさておき、とにかくまずはお詫びです。

「謝罪なんてどうでもいいんだよ。パソコンを早く見てくれ」

森様は机の上にあるcompnoteを指さしました。

そのときに気がついたのですが、部屋の中にはもう二人、スーツ姿の男性がいます。この男性たちは挨拶もなく無表情で立っています。一人が私たちのほうに近づいて来て言いました。

「携帯電話をおあずかりします」

私たちは個人用と仕事用の携帯電話をスーツ姿の男性に渡しました。

「じゃ、君たちは出て行ってくれ」

森様はそう言うと二人は部屋を出て行きました。これで、私と寺田センター長は外部と連絡を取るための手段をなくしたことになります。二人を見送ると、森様の態度が豹変しました。

「さぁ！　とっととこのポンコツを直せよ！　おまえの会社の＊＊＊は大学の後輩だ。パソコンが直らなかったらおまえらクビだからな！」

世間には、権力や影響力のある人たちがたくさんいます。私はそういった方たちに対しても数多くの対応を行ってきましたが、高い地位にいる方は、じつは礼儀正しい人たちも多いのですが――。

「俺の知りあいはA社だけじゃない、もしデータが消えたら、1カ月後にはおまえら二人ともコンクリで固められて大阪湾に沈んでいると思えよ。冗談で言ってるんじゃないぞ。おまえらは知らんだろうが、大病院や建設業というのはいろんなヤツらが絡んでんだよ。ただじゃすまねぇんだよ。わかったらとっととやれ！」

かなり酔っている森様は気が大きくなって、あることないこと言っているのか、それともそこそこ本気なのかわかりません。

知らない部屋、奪われた連絡手段、下着姿の男、という異常な状況下で「殺す」と言われると恐怖を感じてしまいます。

ハードディスクが〝物理的〟に壊れた音

森様の本気度はさておき、大病院建設に限らず、大きなお金の動くところには怪しげな人たちが集まりやすいというのは、これまでの特殊対応の経験でわかっています。

私は寺田センター長と目を合わせました。

そしてお互いに、クビになって失業したあと行方不明になり、仲良く並んで大阪湾に沈んでいる姿を想像してしまいました。絶対に嫌です。

「申しわけございません。まずはどのようなトラブルなのかを確認させていただいて、それから状況を説明させていただきます。その後、実際にファイルの救出を試みまして……」

寺田センター長は、機械のような抑揚のないトーンでマニュアルどおりにお話ししましたが――。

「わかったから、早・く・し・ろ！！！」

「申しわけございません」

私はcompnoteの電源を入れました。

すると、すぐに「ガリッ、ガリッ、ガリッ」と、表面のざらついた金属が擦れあうような音が繰り返し鳴りはじめました。しばらくすると画面上に「System not Found」（システムが見つかりません）というメッセージが表示され、いつまでたってもWindowsは起動しません。


ハードディスクというのは、あらゆるファイルが格納されている倉庫のような役割をはたしています。ここには、Windows自体も格納されていて、本来は電源を入れると、「Windowsが起動するために必要なファイル」がハードディスクから読み出されるのです。

ところが、Windows起動のためのファイルが消えていたり、壊れていたりすると、画面上には「System not Found」というメッセージが表示されて止まってしまいます。

「ガリッ、ガリッ、ガリッ」という音は、ハードディスクが〝物理的〟に壊れたときに出る特徴的な音です。つまり……

〈ハードディスクが物理的な損傷を受け故障していることが原因でファイルの読み書きが

できない状態〉

「データの救出できる可能性は低い」ということです。

私は絶望的な気分になりました。

森様がベッドに座り込んでテレビを眺めているのを確認してから、小声で寺田センター長に言いました。

「ここではファイルの救出作業は無理です。専用の装置が要ります」

「そんなこと言わんと頼むから、なんとかしてくれ。ほんまにお願いやからなんとかなるやろ。このまま帰れるとは思えんわ」

寺田センター長は私に向かって小さく拝むように手を合わせました。

失敗したら警察に駆け込もう

じつは、テクノサポートセンターには、物理的に損傷を受けたハードディスクから電磁気的にファイルを読み出すための装置があるのです。しかし、手荷物として持ち歩けるような装置ではありません。私たちが持ってきたのは代替用のcompnote本体と工具類だけです。

私は思案しました。(テクノサポートセンターに持ち帰らせてもらうよう頼むか？……しかし、出張修理を強硬に主張したのだからまず無理だろう……テクノサポートセンターから装置を運び込む？……おおごとになるし、ホテルにも怪しまれる。許してくれないだろう……隙を見てどちらかだけでも逃げ出すことに成功すれば警察に通報して……でもドアの外にあの男たちがいるかも……「どちらかだけ逃げ出す」ってなんだ!? 残った「どちらか」はどうなる!……)。

思案のすえに、可能性は低いものの、同じようなトラブルで過去に成功したことのある技術的な手段を、小声でセンター長に提案しました。

「データを救出できるかもしれない方法が一つだけあります。ただし、時間がかかるうえに、うまくいくかは運任せに近いので、失敗したら私かセンター長のどちらかだけでも脱出して警察に通報するようにしましょう」

「わかった。わかった。とにかく早く試してみてくれ」

寺田センター長はすがるように何度もうなずきます。

（あ、失敗しそうだな）と判断できるのは、どちらかというと私のほうが早いはずです。

私は状況を説明するため、テレビを見ている森様におそるおそる声をかけました。

「森様、状況を説明させていただきたいので、少しよろしいでしょうか」

「説明なんかどうでもいいんだよ！　とっとと直せ！」

森様はテレビのほうを向いたままこちらを見ようともしません。

「はい。申しわけございません」

何をそんなに夢中になっているのだろうかと画面を見ると、どこかのジャングルに住む原地民とお笑い芸人が共同生活している様子が映し出されていました。ときおり、笑い声が聞こえてきます。

私は状況の説明はあきらめて「壊れたハードディスクからもしかしたらデータを救出できるかもしれない作戦」に一縷《いちる》の望みをかけて、即、実行に移ることにしました。

System not Found System not Found System not Found……

作業の手順として、まず、森様のcompnoteを分解してハードディスクを取り出します。次に、取り出したハードディスクに特殊なケーブルを取りつけ（そのケーブルの反対側はUSB端子になっています）、代替用のcompnoteにあるUSBポートに接続しました。

そうすることで、USB端子に接続したハードディスクは「外付けのハードディスク」として認識されることになり、保存されているファイルの一覧が画面上に表示されるはずです。しかし、これが間違いなくうまくいくのは、あくまでも「故障していなければ」の話です。今回のように、故障している場合では「ガリッ、ガリッ、ガリッ」という音が繰り返し鳴るだけで、ふつうは画面には何も表示されません。

さて、ここからは忍耐です。私は何度も、くり返しくり返し、ハードディスクをUSBケーブルから取り外して……取りつけて……取り外して……取りつけて……取り外して……取りつけて……という作業を続けました。そのたびに、画面に何か見えるかを確認します。

ひたすらムダな作業にも思えますが、これをくり返しくり返し行うことで、壊れたハードディスクでも、数百回に1回程度、ファイルの一覧が表示されることがあるのです。表示がされれば、そのファイルの読み書きが正常にできるようになることもあるのです。奇跡のような1回が起こることを祈りながら、私はひたすら同じ動作を繰り返しました。

時間がたつにつれて空腹と喉の渇きをおぼえます。トイレに行くことは許されたので、洗面台で水分の補給はできましたが空きっ腹はどうしようもありません。

時折、森様の様子をうかがうと、テレビの方に顔を向けてはいますが、まどろんでいるようです。

「ガリッ、ガリッ、ガリッ」

「ガリッ、ガリッ、ガリッ」

「ガリッ、ガリッ、ガリッ」…………。

どくらいの時間がたったでしょうか。

森様は、私の不審なリピートの動きを怪しんでいるのではないか？　またそっとうかがうと、テレビはすでに本放送が終了し、定点カメラからの中継がどこかの街の交差点をただ映しているばかりです。ときおり、交差点を車やバイクが流れていきます。森様はうたた寝をしているようでしたが、顔まではのぞくことができないので油断はなりません。

何度もハードディスクドライブを抜き差ししたせいで、手が痺れて鈍い痛みが走ります。

「ガリッ、ガリッ、ガリッ」

眠気と空腹と疲労と屈辱と、そのほかいろいろなものに耐えていると時間の感覚も薄れます。同じ動作をくり返すことが、こんなにも拷問のようだなんて……。

脂汗とともに、過去に軟禁されたときの出来事がじわじわとフラッシュバックしてきました。ワンボックスカーに乗せられてある山に連れて行かれ、中腹にある小屋に閉じ込められて、指定したファイルを復元させなければ食わせるぞと大型犬をけしかけられたこと……。ある事務所で、ファイルの復元中に「見てはいけないファイル」を偶然に開いてしまい、私をどうするか（生かすか殺すか？）相談が始まったこと……。

「コピー完了」のメッセージが！

「笹島。大丈夫か。しっかりしろ。がんばってくれ。おい！」

寺田センター長は私を揺さぶっていました。

テレビからは「おはようございまーす。○月□日×曜日、東京のお天気は……」と音声が流れ、窓の外が白んできました。どうやら天気はよさそうです。

私は作業の手を止めて、空を眺めていたい思いにかられます。

「ガリッ、ガリッ、ガリッ」

奇跡の1回はまだありません。

私と寺田センター長は小声で話しあい、脱出時刻を午後12時に決めました。それまでの間は作業を続けることにしたのです。

「ガリッ、ガリッ、ガリッ」

いつの間にか起きてきた森様は仁王立ちになっています。目が血走り、顔がむくんでふらふらです。やがて、スーツの男性たちに言いつけて買って来させたカップ麺とおにぎりを、ガツガツ食べはじめました。カップ麺の香りが、私と寺田センター長の鼻腔を強烈に刺激します。胃袋が痛くなってきました。私たちは代わる代わる、洗面台で大量の水を飲み胃酸を薄めてごまかすしかありません。

それから、どのくらいの時間がたったでしょうか。

それまでとは違う、モーターの回転するときの「キーン」という甲高い音がかすかに聞こえはじめたのです。

来た！

画面上には、ハードディスクに保存されているファイルが一斉に表示されました。私も寺田センター長も、興奮でカッと目を見開くあまり涙があふれそうになりました。でも泣いている場合ではありません。

すかさず、事前に聞いていた「仕事」と書かれているフォルダを丸ごとコピーしました。この「仕事」というフォルダの中に、重要なファイルが大量に保存されているとのことでした。

画面上には「コピー完了」のメッセージが表示されました。

これで家に帰れる。

私は身体中の細胞がホッとするのを感じました。

用がすんだらとっとと追い返される

結果を報告すると、森様は私の手からパソコンを奪い取りファイルの中身を確認しはじめました。そして、間違いなくすべてのデータが復旧したことがわかると「やったぞ！」と、まるで自分がデータを救出したかのようなよろこびようです。

森様は画面から目を離さないまま言いました。

「もう帰れ！　おまえらのせいで仕事が遅れているんだ！　邪魔だ！　帰れ！」

こうして用済みになった私たちは無事に解放されたのでした。

疲労と空腹で気を失いそうになりながらも、私と寺田センター長はホテルを出てすぐ目の前にあった牛丼屋に入り、特盛りとお新香と味噌汁と玉子のフルセットをお腹いっぱい食べたのでした。このときは、解放された安堵感で頭がいっぱいで、自分たちがどれだけ理不尽な扱いを受けたのか、考えがいたることはなかったのですが……。

後日、さすがの寺田センター長も、このような仕打ちをされたことに抗議し、森氏を刑事告発すると言いだしました。相手はお得意様とはいえ、暴力団などの反社会的組織ではありません。れっきとした大病院の、しかるべき立場の人物なのです。いかに、病院の建設にかかわるデータが大切であろうと、人を足蹴にしていいという法はありません。それとも、足蹴にしなければならないほど「特別に大切」なデータだったのでしょうか。

結局、東京本社の指示で刑事告発は見送られました。

理由は、森様とその医療法人は医療機器を手がけるA社にとってはもっとも重要な顧客の一つで、売上にも大きく貢献していただいているから、とのことでした。特別に訪問サービスをする、そもそもの理由に戻ったわけです。

しかし、私たちが訴えたかったのは、その訪問先での出来事だったはずなのですが。

コラム1

ハードディスクはどこまで復旧できるのか？

ある日のこと、メールで特殊対応の指示が来ました。内容は、重要な取引先の社長のご子息が大学で使っているcompnoteが壊れてしまい、1年以上もかけて書いていた卒論が消えてしまったとのことでした。

ご子息はショックで引きこもってしまい、父親の社長が激怒したため、A社との取引全社禁止、さらに裁判に訴えるとなったため、私と金山君が対応することになったのです。指示では「何がなんでも」データを復旧せよとのことでした。

佐藤役員からのメールには、この「何がなんでも」という言葉がことあるごとに書かれていたのを覚えています。「何がなんでも復旧せよ」「何がなんでも解決せよ」「何がなんでも回収せよ」などなど。まさに「言うは易く行うは難し」です。

指示メールによると、「大学にパソコンを持って行き、食堂で作業をしていて、トイレで離席したあと戻ってみると醤油と思われる液体がかけられ、それ以降は電源も入らなくなった」とのことでした。もしかすると、人間関係になんらかのトラブルをかかえていたのかもしれません。

いずれにしてもこの状況からはメーカーに責任はなく、本来であればふつうに修理として受け付けるべき案件です。

醤油まみれのパソコンは生きているか？

配送されてきた荷物を開けると、醤油の臭いのするcompnoteが出てきました。早速電源を入れてみましたが、なんの反応もなく画面は真っ暗なままです。醤油が大量にかけられたとなると、塩分などの影響で腐食のスピードも早く、通常はパソコン本体の中身をごっそり交換する全損修理となります。私は卒論を救出すべくcompnoteを分解しハードディスクを取り出しました。するとハードディスクにも醤油のかかった形跡があります。

ハードディスクにはすべてのファイルが格納されているので、もっとも重要な部品です。なお、ドライブには次のような種類があり、それらを総称して「ストレージドライブ」といいます。

・HDD（ハードディスクドライブまたはハードディスク）
・SSD（ソリッドステートドライブ）[注1]
・SSHD（ハイブリッドドライブまたはフュージョンドライブ）

このなかでもっとも普及しているのがハードディスクです。理由は安価で大容量化しやすいからです。

ハードディスクの中を開けると「プラッタ」とよばれるアルミニウム合金でつくられた銀色で光沢のある円盤があり、この円盤の表面に、Windowsはもちろんのことインストールされたアプリケーションソフトや作成された文書ファイル、メールのアドレスと送受信データ、写真、映像、音楽……とにかくありとあらゆるデータやファイルが保存（記録）されています。

このプラッタの中央には小さなモーターが取りつけられていて、プラッタを高速で回転させています。そして、その高速で回転しているプラッタに記録されているファイルを読み書きするために、スイングアームの先端に取りつけられた「磁気ヘッド」が、プラッタに接触することなく、髪の毛1本分ほど浮いている状態でファイルの読み書きを行うのです。

パソコンの電源を入れると、Windows起動時にカリカリと軽快な音が聞こえることがありますが、これはハードディスクが内部で読み書きしているときの音なのです。

さて、このプラッタとよばれる円盤がどのくらいの速さで回転しているかというと、ハードディスクにもよりますが、1分間に5400回あるいは7200回[注2]というスピードで回転しており、なかには1万4000回という高速なタイプのものもあります。

ちなみに、家庭用のドラム式洗濯機に搭載されているドラムを回すためのモーターは、脱水時にもっとも高速に回転しますが、それでも約1500〜1600回転です。いかにハードディスクのプラッタが高速回転しているのかが、イメー

ハードディスクとその中身

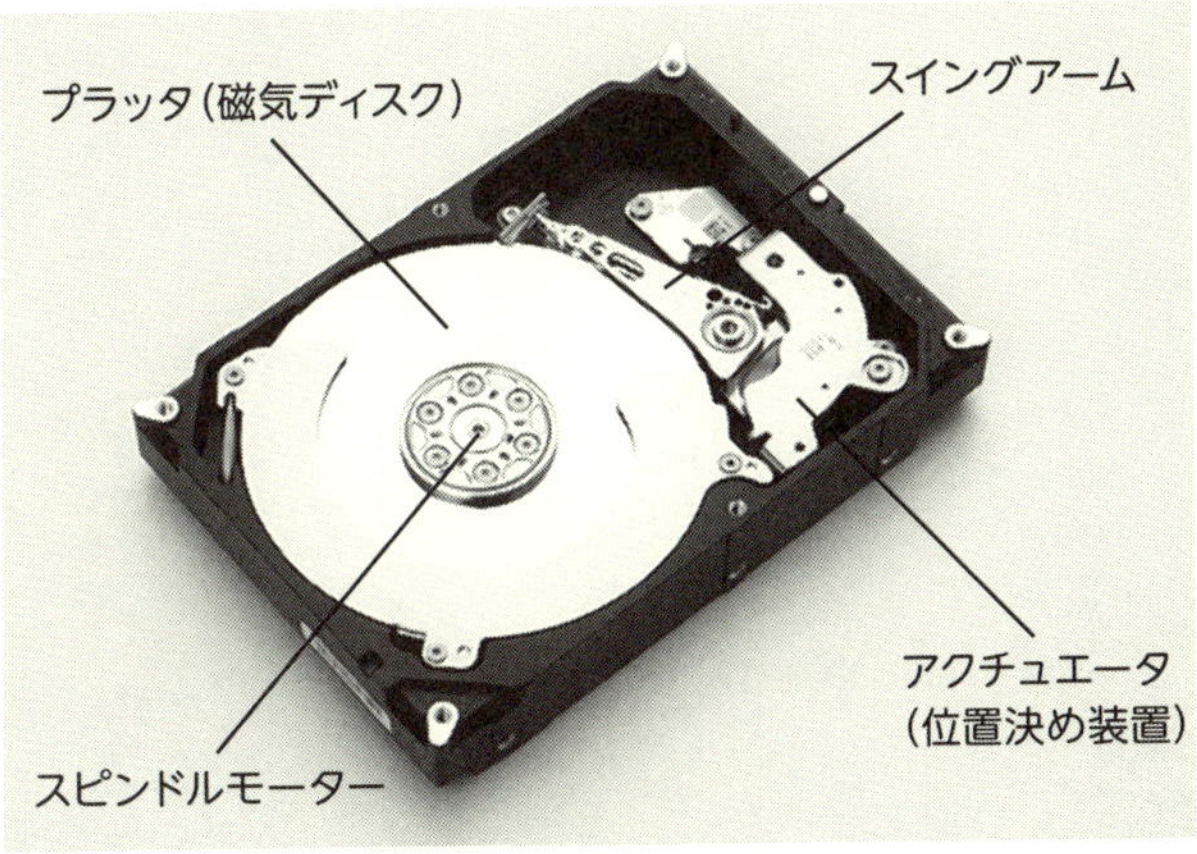

ジできるのではないでしょうか。

性能としては、プラッタの回転数が速ければ速いほど、データの読み書きの速度は上がるのですが、デメリットもあります。回転が高速になればなるほど、一般的にモーターの回る音や振動も大きくなり、消費電力も大きくなるため、発熱もそのぶん大きくなります。とくにモバイルパソコンの場合、消費電力が大きくなると、バッテリ駆動時間が短くなるなどのデメリットとなります。

ハードディスクが壊れる原因としてもっとも多いのは、落下などによって強い衝撃が与えられることです。強い衝撃が加わると磁気ヘッドがプラッタに接触し、傷をつけてしまいます。すると、その場所にあるファイルを読み書きしようとしても傷があるためにうまくいかず、何度もリトライするのです。そのリトライするときの音が第1章でご紹介した「ガリッ、ガリッ」と金属が擦れるような音なのです。

通常はどこのメーカーでも、ハードディスクを丸ごと交換することで「修理」とみなします。そして、故障したハードディスクは、ある手順に従ってファイルを復元できない状態にしたあと破棄されるのです。当然ですが、新しいハードディスクは何も入っていない新品です。

東日本大震災でよろこばれたデータ復旧

ただし、お客様によっては「修理＝交換」を納得しない場合も多くあります。壊れたハードディスクに記録されている大切な家族の思い出の写真や映像を、なんとかして復元してほしい。あるいは、仕事で必要な重要資料やメールがあるのでなんとしてでも救い出してほしいなどなど——。

そのために、メーカーによっては、壊れてしまったハードディスクに保存されているファイルを可能な限り救出するサービスを有償で提供しています。ただし、ほとんどの場合は、メーカーが直接手がけることはせずに、外部業者を紹介する場合が多いのが実情です。この、データの復元を行う業者のことを「データ復旧業者」あるいは「データサルベージ業者」などといいます。

このデータ復旧業者が一般に認知されるようになったきっかけは、２０１１年の東日本大震災でした。

このとき、いくつかのパソコンメーカーやデータ復旧業者は、津波などの被害にあったパソコンのデータ復旧を無償で行い、多くの人たちによろこばれたそうです。

みなさんも、大切なファイルのバックアップは定期的に絶対にするべきです。パソコンは永久に動くものではないと、理解しておきましょう。


さて、醤油にまみれたパソコンからの卒論救出ですが、ハードディスクのインターフェースは腐食していましたが、分解してプラッタを確認すると醤油が浸透している様子はなかったので、それを取り出し、正常に動作するcompnoteに取りつけて電源を入れてみました。すると何事もなかったかのように問題なく起動し、卒論も消えていないことが確認できて解決となったのです。

ハードディスクが一見ダメになったと思えても、プラッタに傷がついていたり腐食したりしていなかったのが救いでした。[注3]

ハードディスクを丸ごと盗む情報漏洩

ハードディスクのトラブルについては、ファイルの「消失」よりももっとおそろしいのが「流出」です。

ある金融機関で起こった事件です。

朝、社員が出勤してみると、同じフロアにあるノートパソコン40台のうち、5台が起動しなくなっていました。ときを同じくして、同じ故障が起こることは確率的に考えられないのですが、この日は保守契約を結んでいる会社がやって来て「故障」と判断され、修理となったのです。

先ほども紹介したように、ハードディスクの「修理」の場合は新品のハードディスクと入れ替えになるので、今回の5台もハードディスクを交換することで修理完了となりました。中に入っていたファイルは、定期的に自動でバックアップされていたので、それを復元して一件落着となったのです。

ところが、しばらくすると、ネット上にその企業が手がける事業にかんする情報が大量に流出しはじめたのです。発信源は海外でした。

その後、紆余曲折があって、私のところまで技術的な調査依頼が来ました。

私は修理で交換した古いほうのハードディスクを回収し、可能な限りデータを復元してみました。すると、明らかにその企業とはまったく無関係の、個人のものと思われる大量の写真やメールのファイルが見つかったのです。そして本来見つかるべきであるファイルは一つも見つからなかったのです。

みなさん、この意味がわかるでしょうか？


推測もふくみますが、おそらく何者かがその企業に侵入し、5台のパソコンからハードディスクを抜き取り、まったく無関係な中古のcompnoteから抜き取った同型のハードディスク（あらかじめ故障させてある）と入れ替えたのだと考えられます。

修理した保守会社も、まさかハードディスクがすり替わっているとは思いもよらなかったでしょう。なんら怪しむことなく、新品のハードディスクと交換して修理をしたという見立てです。

　これが事件の真相だとすると、いかにセキュリティ対策ソフトをインストールしていようと、ハードディスク自体を盗まれてしまってはどうしようもありません。

　ハードディスクが盗まれても情報漏洩させないためには、ハードディスクの中身を丸ごと暗号化するか、あるいはハードディスク自体にパスワードを設定[注4]するしかないのです。

注1　ハードディスクのプラッタの代わりにフラッシュメモリを使用した記録装置。ハードディスクのようにモーターを使わないため消費電力に優れ、アクセスピードも速く軽量化できるので、おもにノートパソコンやモバイルパソコンに採用されることが多くあります。
注2　単位は「rpm」。たとえば1分間に5400回転であれば5400rpmとなります。
注3　ただし、ハードディスクは、プラッタを一度外気に触れさせてしまうと故障率が極端に高くなるため、卒論をコピーしたあとは破棄することになりました。
注4　ハードディスクドライブによってはパスワードが設定できない場合があります。

第2章

宗教団体が霊界とつなぐ無線LAN？

ある夏の、蒸し暑い日のことでした。

私と寺田センター長は特殊対応のために、大阪市内のとある大手コンビニエンスストアを訪問することになりました。そのコンビニエンスストアは、有名なお寺が近くにあることで知られている駅から、それほど遠くない場所にありました。

「今日は日差しが強いなぁ」

「そうですね。暑すぎです」

「……」

「……」

暑すぎて会話が続きません。


ようやくコンビニエンスストアに到着すると、ショーウィンドウの一部が割れていて、段ボールで塞がれています。店内に入ると、床のところどころにはペンキのような液体が飛び散った跡がありました。

エアコンの冷たい空気が、私と寺田センター長を心地よく一気に包み込みます。

入店チャイムとともに、レジの奥にある事務所から初老の男性と女性が出てきました。

お二人はご夫婦で吉岡様（仮名）といいます。吉岡様夫妻の表情は暗く、髪は乱れぎみで目のまわりにはそれとハッキリわかる隈《くま》ができています。

事前に電話でお話をうかがっていたので、かんたんに挨拶をすませてから、問題のcompnoteを見せていただくために私たちは事務所に入りました。

なぜか同じトラブルを起こし続けるパソコン

そこには、すでに大阪府警の大原刑事の姿がありました。大原刑事のそばの小さなテーブルの上には新品のcompnoteがあります。

「おう、久しぶりやな。元気そうやんけ。今日は後輩が見当たらんけど、カメヤマ？　もう辞めたんか？」

「辞めてないですよ。縁起でもないことを言わないでください。人手が足りないんですから」

「まぁ、そんなことはどうでもええから、このパソコン早く見たって」

大原刑事は人の名前を忘れない人ですから、わざと間違えたのでしょう。「どうでもいいこと」とは言いながら、金山君が仕事に耐えられずに辞めてしまったのか、気にかけてくれたのだと思います。

「あの、どうかよろしくお願いします」

背後から疲れきった声で吉岡様がポツリと言いました。

今回、特殊対応にいたることになった経緯とは——。まず、購入したばかりのcompnoteに内蔵されている無線ＬＡＮのインターネット接続が、頻繁に切断されてしまうトラブルが発生しました。そこで店長は、プロバイダ（インターネット接続業者）、compnoteのサポートセンター、購入した量販店のそれぞれに問い合わせをして、いろいろと対処方法を聞いて試してみるも解決にいたらず、結果的には量販店のアドバイスでパソコン本体の交換を行います。

ところが、交換しても同じトラブルに見舞われることになり、原因がわからないため結局３回も本体を交換することになってしまったのです。つまり、いま目の前にあるのは４台目のcompnoteというわけです。

そもそも、吉岡様がパソコンを購入した目的は、お店に「販売支援システム」を導入したかったからなのです。このシステムは、コンビニエンスストアの本部にあるデータベースとインターネットを通じて接続することで、在庫管理や売上管理、さらに「何がいつ売れるのか」などの予測までできる仕組みです。

ところが、いざ導入しようとしても、インターネットへの接続が頻繁に切断されるために、販売支援システムがまともに使えない事態に陥っていたのでした。

ここまでなら、ごく稀ではありますが、あってもおかしくないトラブルです。しかし、吉岡様がこのトラブルについて「ある人物」に話をしたところから、異様な展開になっていきました。

インターネットを通じて霊界とも通信する導師様

「ある人物」とは、吉岡様の知人で自営業を営む岡本様（仮名）。お互いに商売をしていることから、仕事上の悩みなど、よく相談に乗ってくれる人だとのことでした。今回のトラブルについても、わざわざ吉岡様のコンビニエンスストアに来られて、実際にパソコンを操作しながら真剣に話を聞いてくれたそうです。

そしてひととおり話が終わると、岡本様は何かを思いついた様子で、「このトラブルについては任せてほしい」と言葉を残して帰りました。

数日後、宗教法人「法名厳法行会」（仮名）の幹部を名乗る人物から、岡本様の紹介だということで電話が入ります。

電話の話を要約すると「法名厳法行会の導師の一人である鬼原大師（仮名）は、コンピュータの世界にも精通しておられ、インターネットを通じて霊界とも通信をしておられる。大師様の力をお借りすれば、パソコンのトラブルも解消するでしょう」とのことでした。鬼原大師は、人間界を代表するインターネット団体の会長という重責を担っているそうなのです。


あまりにも荒唐無稽な話です。

私も長くコンピュータ業界にかかわってきましたが、インターネットが霊界と接続しているという話は初耳です。亡くなった方とのメールのやりとりや、霊界のホームページ、ブログの閲覧とはどんな感じなのか、あるいは霊界にもGoogleやYouTubeのようなものがあるのかどうか、想像もつきません。

法名厳法行会の幹部によれば、かのトーマス・エジソン[注1]が晩年にオカルト研究を行っていたときに、霊界との通信に成功し、その研究は極秘裏にアメリカ政府に引き継がれたそうです。アメリカ政府はこの「霊界通信機」を発展させて、やがてNASA（アメリカ航空宇宙局）が霊界とのインターネット接続に成功したというのです。

しかもそれだけではなく、月や火星にはNASAと宇宙人が共同で建設した秘密基地があり、それぞれインターネットで接続されているそうです。

「あのNASAがそんなことまでなさっていたなんて」寺田センター長が聞こえないくらいの声でつぶやきました。

コンビニの本部からは、「ネットにつなげるだけの簡単な作業に、いつまで時間がかかっているんですか！」と強いプレッシャーがかかっていました。吉岡様にITの知識はほとんどなく、専門家のプロバイダなどもとおり一遍のマニュアル対応で頼りになりません。溺れる者は藁をもつかむとはこのことで、吉岡様は（まさかとは思うが……）と半信半疑、何度か法名厳法行会の布教所に通ううちに、言葉たくみに心理を誘導されて、ついに鬼原大師との謁見で圧倒されて、すべて信じてしまったのです。

しかし、奥様のほうとても信じる気になれなかったため、夫婦喧嘩の日々が続きました。

この土地には「邪悪なIPアドレス」が蠢いている

そうこうするうちに、ついに鬼原大師がコンビニエンスストアに直接出向いて、トラブルを解消するための儀式を執り行うことになりました。

儀式料は100万円。

吉岡様の当時の思考は……

「儀式を執り行う」→「インターネットが切断しなくなる」→「販売支援システムが正常に使える」→「売上が上がる」→「儲かる」→「生活が楽になる」→「妻もわかってくれる」→「幸せになる」！

そう考えれば100万円なんて安いものだと、吉岡様の気分は高揚します。

待ち遠しく感じていた儀式当日、鬼原大師とその御付の人たち総勢7人が、コンビニエンスストアにやって来ました。

鬼原大師は40代の男性で、目つきは鋭く精悍な感じですが、かなりの巨漢で杖をついていたそうです。

吉岡様がかしこまっていると、いよいよ儀式が始まりました。

まず、店の建物の角に一人ずつ御付の人が配置され、彼らは小さな鞄から経典を取り出すと何やら唱えはじめました。

ほかの御付の人は大師も交えて事務所にあるパソコンを取り囲むように立ち、祭壇のようなものを組み立てて塩や日本酒などをお供えします。compnoteのすぐ右側には太陽をモチーフにしたと思われる金色の丸い玉を置きました。この玉の表面からは金色の細い針金のようなものが放射状に何本も伸びていて、まるで「黄金のウニ」のようだなと吉岡様は思ったそうです。

儀式の間、コンビニはもちろん閉店です。

大師はまるでシャワーを浴びたように汗だくになりながら、両手を使ってさまざまなポーズを取りつつ一心不乱に経典を唱え続けます。

やがて儀式も終盤を迎えたころに、御付の一人がうやうやしく取り出した「御札」を手に取って、compnote の液晶ディスプレーの裏側、つまり天板にべったりと貼りつけました。御札を貼りつけたタイミングで経典を唱える声がやみ、急に静かになりました。

たっぷりと時間をとってから、鬼原大師は静かに目を開けて吉岡様夫妻に向かって告げました。

「これで儀式は終わりです。パソコンが治っているかどうか試してください。ただし、この土地には邪悪なIPアドレス注2が蠢《うごめ》いており、その悪意がどこまで清浄化できたか……まだわかりません。また再発するようであれば、今度は私たちが特別に手をほどこした〝完全に除霊されたパソコン〟を買うしかないでしょう」

「完全除霊パソコン」は高額商品

吉岡様はパソコンの電源を入れ、インターネットに接続した状態でしばらく様子を見てみました。1時間経過しても、インターネット接続は保たれたままです。トラブルはみごとに解消され、吉岡様夫妻をふくめてその場にいる全員が安堵の笑顔を浮かべました。

その翌日から、コンビニエンスストアは営業を再開したのですが——。

翌日の朝、営業を始めて3時間ほどすると、また同じトラブルが発生したのです。吉岡様は御札が剥がれていないかどうか確認しましたが、大事に扱っていたので傷一つなく破れた様子もありません。

「この土地はよくないのに違いない」失意の底に落ちた吉岡様夫妻は、コンビニ本部から苦情が来る前にと焦る気持ちもあって、「完全除霊パソコン」を購入する決意を固めました。パソコンは１６８万円[注3]とかなりの高額でした。

コンビニエンスストアを開業したばかりの吉岡様夫妻にはそんな余裕はありません。

そこで、お金を借りようと親戚に連絡を取ったことから、この異様な状況がようやく外部の人に知られることになりました。怪しいと思った親戚は弁護士に相談。夫妻と親戚の方、弁護士が話しあうことで、ようやく吉岡様は（騙されているのではないか？）と感じはじめました。

吉岡様夫妻は、弁護士を通じて法名厳法行会に対して支払ってしまった儀式の料金の返金要求をします。すると、夜中にコンビニエンスストアのショーウィンドウが割られ、塗料を床一面にぶちまけられるという被害にあったのです。

こうして、警察の出番がやって来ました。

警察は捜査の段階で、「なぜこのcompnoteにだけ同じトラブルが繰り返されるのか」を解明したいと考えていました。当然、compnoteを製造しているメーカーであるA社に応援要請があり、社内の部署を回りまわって、「これも特殊対応の一つだろう」となり、今回の訪問となったのです。

悪霊の正体は3台目の……

「このパソコンが、ポンコツちゃうの？」

大原刑事は、まず疑われる原因を指摘しましたが、その点は、吉岡様が初期の段階で、量販店のすすめでcompnote本体の交換を行っているから的外れです。

「ほかではこんなトラブル出てませんから、別の問題だと思います」

「それにしても不思議やで。隣近所のパソコンは普通なんやろ。わけがわからんわ。土地が呪われてるなら、そっちも故障するやろ。それともここん家《ち》だけの祟りかいな」

吉岡様は、「呪い」「祟り」という言葉に怯えています。

窓が割られたのは、もしかすると霊の仕業なのではないか？　法名厳法行会は本物だったのではないか……？　親戚や弁護士に一度は説得されたとはいえ、異様な儀式の様子は心に強く残っていました。

「大原さん、パソコンが呪われたり祟られたりするわけないじゃないですか」

私は寺田センター長に目で合図を送りました。

「大原さん、一緒に外でタバコでもどうですか」

寺田センター長は愛想よく笑顔で大原刑事に声をかけます。

「そうやね。ちょうど吸いたいと思っていたところですわ」

大原刑事はずいぶん前にタバコをやめていますが、勘どころで、席を外したほうがいいんだなと察してくれます。寺田センター長と大原刑事が連れ立って出て行ってくれたので、私はあらためて吉岡様と向きあいました。せまい事務所から人が減って、少し落ち着かれた様子です。

一連の経緯については、事前に状況を確認していたので、トラブルの原因とその対策についてはある程度推測できていました。

まずはトラブルの発生しているcompnoteの設置場所を確認します。事務所の構造上かなり狭いスペースで、防犯カメラのモニタなどがすぐ近くに置かれています。

compnoteが置いてある壁の裏側には、お弁当などを温めるための電子レンジが3台並んでいます。パソコンが置かれているデスクの横からは、壁を突き抜けるかたちで大きな配管が延びています。その配管の中には、店内の照明やレジなどで使われる多くの機器の電線が通っているとのことでした。

私はパソコンを起動させてインターネットに接続し、しばらくの間は切断されないことを確認しました。それから、壁の裏側にある3台の電子レンジのうち1台を「お弁当温めモード」にしてスイッチを入れました。

インターネット回線は切断されることもなく、とくに問題ありません。

続いて2台目です。同じく問題ありません。

次に3台目のスイッチを入れました。

無線LAN周波数特性の違い

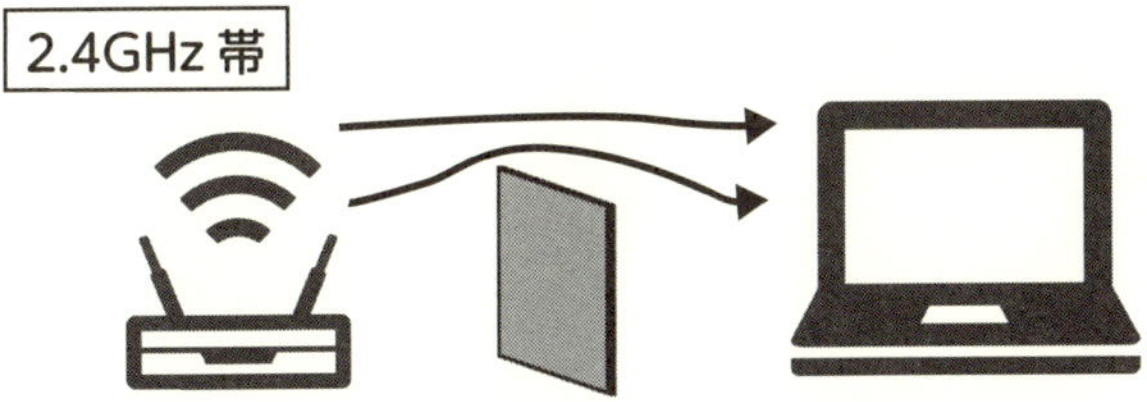

- 障害物に比較的強い。回り込んだり反射したりしながら遠くまで遠く。
- ワイヤレスマウスや電子レンジなど、周辺の機器が利用している電波と干渉する。

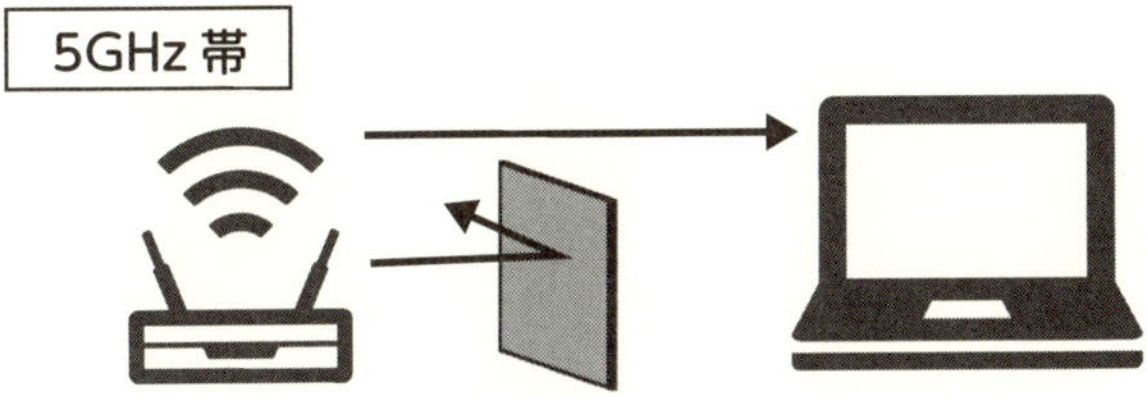

- 直進性が強く、障害物の影響を受けやすい。
- 他の機器が利用している電波と比較的干渉しにくい。

ここで、インターネット接続が切断されました。犯人が見つかりました。

当時の無線LANは2・4GHz帯[注4]の周波数を使って接続することになっていて、電子レンジなどの一部電気製品も同じ周波数帯を使用していることから、どうしても影響（干渉）を受けることがあったのです。しかも、旧型の電子レンジは、現在のものよりも電磁波漏洩防止の技術が発達していなかったため、より影響が出やすかったのです。

3台目の電子レンジはかなり古いタイプのものでした。

見えない犯人は疑われにくい

「原因はこれですね。この旧式の電子レンジが発する電磁波の影響で回線が切断されたのだと思います。つまり、この電子レンジを使っているときに切断が起こり、使っていないときはつながっているということになります」

それから何度か3台目の電子レンジのスイッチを入れたり切ったりしたところ、インターネット接続の切断が再現されました。

吉岡夫妻は気が抜けた様子です。

私は、コンビニエンスストアの駐車場で暑さにうなだれている寺田センター長と大原刑事に声をかけて呼び戻し、問題の電子レンジのスイッチを入れたり切ったりしてみせて、二人に説明しました。

「わかってみればしょうもない。まぁこれで解決やな。よかったよかった」

寺田センター長は、予想していたよりも早く仕事が終わりそうなので、見たこともない穏やかな笑顔になっています。

「それじゃ犯人はこの電子レンジということで、この場は一件落着や。しかし、窓を割って暴れまわったのもこのレンジ、なわけはないから、あとはこちらの仕事ですわ。調書をつくるから、問題がなかったら署名と拇印を頼む」

これで対応完了です。

みなさんはたったこれだけ？　と思われるかもしれません。

しかし、ほかの電気製品が悪さをしているというのは、なかなか発想しづらいものです。とくに無線ＬＡＮなど、電波というものは目には見えないだけに、トラブルが発生しても原因を突き止めにくく、未熟な技術者が対応すると未解決となる場合もあります。

また、今回のようなノートパソコンの場合、設置場所を変えるとトラブルが再現しなくなることから、修理センターなどの別の場所に持ち込まれるとトラブルが起こらなくなるので厄介です。

結局、原因不明のまま手元に戻ってくることになり、もとの場所に設置されることでまたトラブルが発生してしまうのです（吉岡様の場合は、せまい事務所の構造上、置き場所が決まっていたのがよかったのです）。

怪奇!?　勝手に動きだすマウスカーソル

よく似た事例では、「ある家電量販店の店頭でしか発生しない」というめずらしいトラブルがありました。この店では、なぜかパソコン画面上のマウスの矢印（マウスカーソル）があらぬ方向に勝手に動き出したり、固まったりしてしまい、操作できなくなる現象が起こっていたのです。

しかも、不思議なのは同じ機種のcompnoteを購入されたお客様からはまったくクレームなどがなく、この店頭でのみ発生するトラブルなのでした。

時間をかけて検証した結果、原因はほかのメーカーのパソコンに付属しているACアダプタだとわかりました。この機種のACアダプタから発せられる強烈な電磁波が、共用で使っている電源タップを通じてcompnoteに伝わり、それがマウスカーソルの暴走となっていたのです。

電磁波については本来、法律にのっとったかたちで対策をしなければならないことになっていますが、目には見えないことをいいことに、メーカーによってはかなりいい加減な電磁波対策しか実施していないことがあるようです。

さて、吉岡様はその後、すぐに新しい電子レンジを購入して古い電子レンジと交換したことはいうまでもありません。法名厳法行会は警察に摘発されることもなく捜査終了となったようです。吉岡様夫妻は100万円を取り返すことができたのでしょうか。

特殊対応の指令を出す佐藤役員に、おりにふれ、それとなく聞いてみたのですが、「必要な情報は与える。知る必要のない情報は知らなくてもいい」とのことでした。いちメーカーの人間ですから、お客様個人の訴訟にまで立ち入ってはいけなかったようです。

法名厳法行会はもちろん仮名ですが、宗教団体としてはめずらしく、パソコン事業にも進出していたことでよく知られていました。その後、同団体は日本中を騒がせる事件を起こしますが、当時の私は「パソコン屋もやっていたんだから、もしかしたら原因はわかっていたんじゃないかな」くらいのことしか感じてはいませんでした。

コラム２

無線LANを発明した女優

本章で登場した無線ＬＡＮは、パソコンのみならず、スマートフォン、タブレット、ポータブルミュージックプレーヤー、ゲーム機など、多くの機器に搭載されており、その通信速度も新しい規格がスタートするたびに高速になってきています。

まだまだ進化するといわれている無線ＬＡＮですが、その「基になる原理」を発明したのは、アメリカのヘディ・ラマーという女優だったことをご存じでしょうか？

ヘディ・ラマーは１９３０年代から50年代にかけてハリウッドで活躍した女優で、同時に発明家でもありました。彼女は映画史上初めて全裸シーンを披露したことでも有名で、当時もっとも美しい女優の一人として名を馳せたのです。

彼女が無線ＬＡＮの原理を発明するきっかけは、一つの悲しい出来事でした。

女性の発明は要らないが、すぐれた技術だから公表もしない

第二次世界大戦当時、ヘディ・ラマーの親しい友人は、数奇なめぐりあわせからアドルフ・ヒトラーの愛人となっていました。その女性は、自分が置かれた複雑な立場に思い悩むようになり、ついに自殺してしまいます。その知らせを受けたヘディ・ラマーはヒトラーを憎むようになり、「打倒ナチス」を胸に誓って、自ら知識として蓄えてきた無線技術を活かすことはできないだろうかと研究に励みました。

軍事機密の壁に阻まれながらも、入手できる限りの情報で調査を続けていたところ、「アメリカ海軍の潜水艦の魚雷誘導システムが、ドイツ側に頻繁に妨害され、標的を外してしまう」という問題が起きていたことを知ることができました。そこでラマーは、妨害を受けない無線技術の研究を始めたのです。

苦心の末に、「周波数ホッピングスペクトラム拡散」という技術を発明し、特

ヘディ・ラマー

©SNAP Photo Library/amanaimages

許を取得してアメリカ国防総省に持ち込んだのですが、女性だからということで相手にされません。一部、女性の知的能力に理解があった関係者たちもいましたが、「現在の（当時の）技術では実用化が難しい」と判断されて、軍に採用はされませんでした。

しかも、ラマーの発明は、「いまは実用化できなくても、優れた研究成果なのは間違いない。この技術が敵国に漏れないよう外部には公表してはならない」という理由から、機密扱いにされてしまったのです。こうして、ラマーの発明は、世間の誰からも評価されることはありませんでした。

ときはたち、80年代になって機密情報の開示が進んだことによって、ラマーの技術に世界中が注目しはじめます。さまざまな企業がこの原理を採用することになり、現在のカーナビゲーションシステム、携帯電話、Bluetooth、無線ＬＡＮなどに利用されることになったのです。

ヘディ・ラマーは２０００年に84歳で亡くなりました。

没後、ようやくその功績を認められたヘディ・ラマーは、２０１４年に「人間的、社会的、経済的進歩を可能にする偉大な技術的進歩を担う人々を称える」ことを目的として設立された「全米発明家殿堂」に殿堂入りをはたしたのです。

より自由な通信がやりとりされる未来

さらに、無線LANは近い将来、電波ではなく光を使った通信が実用化されるともいわれており、すでに実証実験も行われています。

この光を使った通信規格を「Li-Fi」（ライファイ）[注5]といいます。通信速度が現在の無線LANとは比較にならないくらい速く、なんと1秒間にDVD（4・7GB）の映画8枚分のデータを送受信できるのです。近未来では、高品質な映像や音声がストレスなく無線で通信できるようになることでしょう。

しかも、光を使うことから、電球などの照明や、液晶テレビなどの画面で通信が可能となるのです（もちろん、Li-Fi対応の照明や液晶画面が必要になりますが）。また、Li-Fiは電波を使わないため省電力にも優れ、アンテナが必要ないので、よりいっそうの省スペース化も実現することができるのです。

私たちはいま「さて通信をしよう」と意識してスマホやパソコンなどの機器を立ち上げますが、やがて、「無意識のままに、いろいろなやりとりを行う」という未来がやって来るかもしれません。そのとき、この原理の基礎をつくった一人の女性がいたことを、覚えている人が少しでもいればいいなと私は思っています。

注1　誰もが知っている発明王のトーマス・エジソン（1847－1931年）は蓄音機、白熱電球、電話などを発明したといわれていますが、晩年には「人間の魂も宇宙のエネルギーの一部である」との考えのもと、死後も人間の魂は存在するとして、実際に死者と交信するための通信装置を研究していたそうです。

注2　パソコンやスマートフォンなどインターネットに接続されているすべての機器に割りあてられる識別番号のようなものです。この識別番号が割りあてられていることにより、世界中どこにいても間違いなくメールが届き、間違いなくホームページの閲覧ができることになります。インターネット上の住所ともいえます。

注3　後日わかったことですが、このパソコンは量販店で10万円前後で売られている機種で、その筐体の天板に宗教団体のロゴが入っただけのものでした。

注4　パソコンやスマホ、ポータブルゲーム機など多くの情報機器に搭載されている無線ＬＡＮですが、使用されている周波数帯は法律により決められており、今回の特殊対応当時は2・4ＧHz帯のみ利用可能でした（いまは5ＧHz帯も利用可能となっています）。2・4ＧHz帯の周波数は古い電子レンジや一部のコードレス電話等でも使用されており、電波干渉が起こりやすかったといえます。他方、5ＧHz帯は基本的に無線ＬＡＮ以外では使用されていないので、電波干渉が少ないといわれています。ただし、5ＧHz帯よりも2・4ＧHz帯のほうが障害物には強いので、使用環境に合わせてどちらの周波数帯にするのかを決めるとよいでしょう。

注5　「Li-Fi」は「Light Fidelity」の略です。

第3章

画像は、行方不明の息子の居所を知っていた

ここは大阪市内にある高級ホテルのスイートルームです。

私の目の前には、小さな町の工場を一代で一部上場企業にまで育てあげた創業者であり、代表取締役社長でもある野村良隆様（仮名）とその秘書の方々、そしてなぜか大阪府警の大原刑事がシワ一つないスーツ姿で立っています。

部屋の中は重苦しい空気でつつまれ、野村様はうちひしがれた様子です。

私と後輩の金山君は、家出して1年になる野村様の一人息子である野村路公様（仮名）が所有していたパソコンに、居場所を突き止める手がかりがないか調べることになったのです。


私たちはこの時点ではまだ詳しいことは知らされていませんでした。とりあえず私は、海外から届いたばかりだというcompnoteの電源を入れてみました。するとパスワード入力の画面がすぐに表示されました。パスワードのヒントは事前に聞いていたので手順に従って解除します。

すると今度は「System not Found」（システムが見つかりません）というメッセージが表示されました。ハードディスクからは異音もなく、故障している様子がないので、このメッセージはハードディスクの中身を全消去したために出ているのでは、と推測されました。

私は金山君に、compnoteを分解してハードディスクを取り出すように指示しました。取り外したハードディスクを、解析用にもって来た別のcompnoteに「外付けハードディスクドライブ」として接続し、ファイルの復元に取りかかります。

これには1時間ほど時間がかかります。私は野村様とその秘書の方々に向かってそのことを伝えると「そうか。じゃ、休憩にしよう」――。野村様は力なくそう言いましたが、問題のパソコンが気になるのかその場を動きません。

当時の警察はIT音痴で、民間メーカーが駆り出された時代

大原刑事が私のほうに近づいて来ました。

「なんとかうまくいきそうか？」

「復元が終わってみないとなんとも言えないですね。あと、Windowsのログインパスワードが複雑に設定されていたり、ファイルが暗号化されていたりすると厄介です」

「そうか。何を言ってるのかぜんぜんわからんけど、とにかくパソコンがらみの捜査はややこしいわ」

と言いながら私の目の前にあるcompnoteを睨《にら》みつけています。

「ところで、大原さんは、なぜここにいるんですか？」

「その話はまたあとで」

「そうなんですね。わかりました」

私はそれ以上、気にしないようにしました。

90年代から00年代初頭にかけては、パソコンについての知識がない捜査官がほとんどでした。冗談のようですが、家宅捜索時に「電卓をノートパソコンと間違えて押収した」ということもあったそうです。また、私が実際に聞いた話では、ノートパソコンを回収するために家宅捜索に入ったが見つからなかった。あとになってわかったことだが、パソコンといえばデスクトップ型パソコンしかイメージしていなかったため見逃していた、などな
ど……。

当時の警察はみなさんが想像する以上にＩＴ音痴だったのです。そのＩＴ音痴を補うために、私のようなメーカーの人間が捜査協力で駆り出されていたというわけです。

「金山君、ファイルの復元が終わったあとの作業内容を確認しておこう」

金山君は、ファイル復元の進捗状況を示すグラフを食い入るように見つめています。作業内容を確認しているとドアをノックする音が聞こえ、スーツ姿の女性が入ってきました。女性は野村様の顧問弁護士とのことでした。

顧問弁護士さんは作業の進捗状況について熱心にメモを取り、ひと通り説明を聞き終わると、そそくさと出て行きました。

部屋の隅に立っていた大原刑事が私に向かってタバコを吸う仕草をし、ベランダに出るようサインを送ってきました。

「俺がここに来た理由は、野村さんが自分の息子を探したいがために、いろんな人間にいろんなことを言うて巻き込んだからや。行方不明とゆうても成人やろ。もともと家出なら事件にもならんわ」

ただの家出か、それとも事件か？

大原刑事の話を要約するとこういうことです。

いまから約1年前のこと、野村良隆様は、当時大学4年生だった一人息子の路公様と卒業後の進路について毎日のように口論していました。良隆様は後継者として自らが創業した会社に入社しろと迫ります。ところが本人は、フランス（実際は異なる土地ですが個人の特定を避けるため仮にフランスとしています。以下の土地名も同様です）に行ってパティシエ（職業も異なりますが同様の理由により変更しています。以下の職名も同様です）になるための修行をしたいと譲りません。

口論は日にちの経過とともに次第に激しくなり、互いにつかみあいのケンカをするようにもなりました。そして大学の卒業と同時に、路公様は家出をしたのです。すぐにフランスに渡り、知りあいを通じてケーキや洋菓子を専門とするパティスリーに見習いとして就職したとのことでした。

やがて1年ほどたったころです。ケンカ別れをしたとはいえ、それまでは1カ月に1度程度、簡単な近況報告のメールが来ていたのに、ぱったりと来なくなったのです。携帯電話も通じません。メールを送信してみても、宛先が見つからないというエラーメッセージが送り返されるようになりました。

勤務先のお店や現地にいる友人に聞いたところ、すでに行方不明という扱いで現地の警察に捜索願が出ていたことがわかったのです（現地の人たちは、路公様の実家のことはまったく知らなかったそうです）。

警察では、所持品だったcompnoteをふくめてほぼすべての家財道具や荷物がそのままだったため、事件や事故に巻き込まれた可能性を捜査しているとのことでした。さらにその後の捜査で、行方不明になったのとほぼ時を同じくして、路公様は渡米していたことがわかりました。

しかし、もともとが家出人ということもあり、あまり積極的な捜索が行われたとはいえない状況でした。残された家財道具のなかでは大きな手がかりになるはずのパソコンも、警察はひと通りデスクトップのファイルを調べただけだったそうです。

「ごみ箱」から削除してもデータは消えない

金山君が作業を進めたところ、ハードディスクは全消去されていたものの、ファイルの復元はほぼ完璧にできました。

ファイルを「ごみ箱」から削除したり、ハードディスクを初期化したりすると、画面上ではファイルが消えたように見えますが、じつはファイル自体は残っているのです。ハードディスクには、ファイルがどの位置に保存されているのかをまとめた「住所録」のようなものがあるのですが、実際に消えるのは、その住所録だけです。そのため、特殊な方法を使えばハードディスクは復元ができてしまいます。[注1]

その後、私たちは部屋中の視線を一身に集めながら、手分けしてメールの送受信データやマイドキュメントの内容などを探りはじめました。すると大量の写真が見つかり、これは大きな手がかりになるものと思われました。

「もしかしたら、この写真が、どこでいつ撮影されたのかわかるかもしれません」

私はすべての写真を解析用のパソコンにコピーし、一つひとつの画像ファイルの詳細情

Exif情報

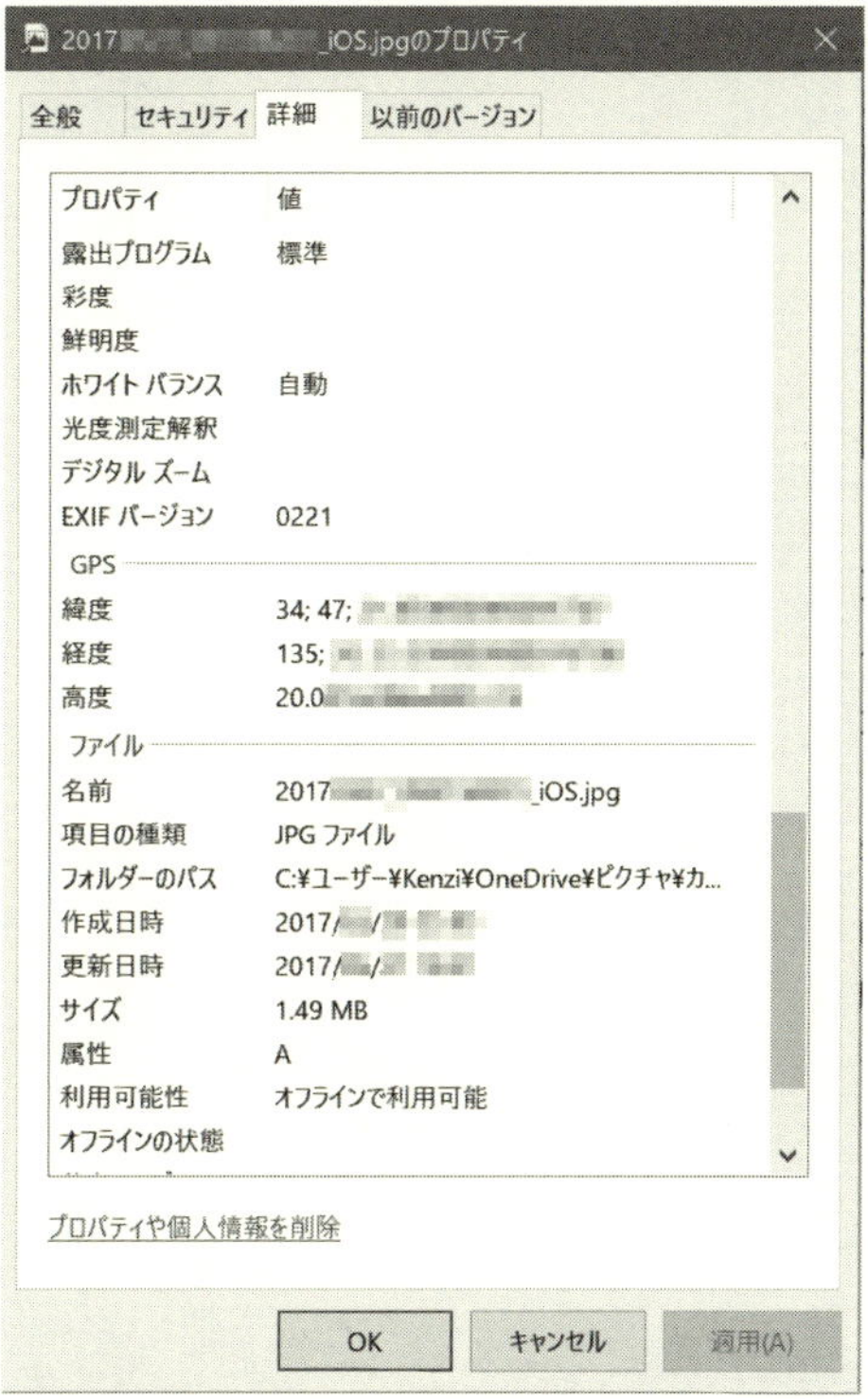

※一部の文字をぼかしています（実際の画像ではありません）。

報を確認しました。

これらの画像ファイルには「Exif（イグジフ）情報」[注2]があります。Exif情報とは、撮影日時、撮影に使ったカメラの機種、シャッタースピード、ISO感度、ファイルサイズ、さらに撮影した場所の位置情報（緯度と経度）をまとめた情報のことです。設定でExif情報が有効にされている状態でシャッターを押すと、画像ファイルにこのExif情報が付加されるのです。

もちろん、緯度と経度を記録するためには、撮影に使用するデジタルカメラやスマートフォンにGPS（Global Positioning System：全地球測位システム）がついていなければなりません。

「Exif」からつかめた緯度と経度

私は復元された画像ファイルに緯度と経度が記録されていることを画面で確認し、その位置情報がどこなのかを地図に示してくれるアプリケーションに取り込みました。すると、路公様は休日にはフランス国内各地や、周辺各国を移動していたことがわかりました。ほとんどの写真には同じ女性が写っています。

さらに、送受信されたメールの内容を確認すると、この女性は路公様がよく通っていたカフェで知りあったアジア系アメリカ人の女性だということがわかり、どうやら恋人同士のようでした。

メールを読み進めてみると、パティシエとしての修行はもちろん、恋人との言葉や文化の違いにかなり苦労している様子がわかります。そうして、日々修行しながらも、その女性との結婚を考えるようになっていく様子でした。

ただ、父親が賛成するわけがないと、恋人の女性と一緒に悩むメールも見てとれます。そしてある日、ほとんど発作的に、家財道具や荷物を捨てて、その女性と一緒にフロリダに行ってしまったのです。特殊対応では、このように他人のプライバシーを探ることも多いのですが、決して気持ちのいいものではありません。

結局、この置いていかれたパソコンからは、フロリダから先のどこにいるのかは突き止められませんでした。路公様の手がかりが渡米したところで途切れてしまったので、部屋の中にいる良隆様も、ほか関係者も全員肩を落としました。やがて部屋がざわつきはじめ、小声で「政治家に頼めば……」「現地の企業に知りあいが……」「探偵を雇って……」という話をしています。

でも、私はふと思いました。

これは事件でも事故でもなく、何もかも捨ててたんにフランスからアメリカに駆け落ちしただけです。だとしたら……。

私は解析用のパソコンをインターネットに接続し、この当時はまだ日本では普及していなかったFacebookの画面を開いてログインし、アルファベットで路公様の名前を検索してみました。

「nomura jikou」

するとどうでしょう。野村路公様のプロフィールが表示され、女性との結婚式の様子や、フロリダで始めた回転寿司店の写真が掲載されているではありませんか。

回転寿司店の公式ホームページもあり、お寿司と日本酒が美味しいお店として人気だという地元の新聞記事まで出てきました。お二人とも、幸せそうです。

どうやら路公様は、Facebookは欧米ローカルのもので、日本ではまだまだ普及していないことを知っていて、関係者にもバレないだろうと踏んでいたと思われます。

私は良隆様に画面を見せながら「Facebookとは何か」を説明しました。良隆様は、慣れない手つきで次々と写真をスクロールしては、ときどき止まってテキストを読み、またもとに戻りなどして、黙って画面を見つめています。良隆様が激怒するのではないか、部屋中が固唾をのんで見守っていました。

良隆様は少しため息をついて、「Facebookとは便利なものですね」とつぶやいて別室に去っていきました。

コラム3

次々と地球を囲む測位システム

いまや、デジタルカメラやスマートフォンにあたりまえのように利用されているExif情報ですが、もともとは富士フイルムが開発し、その後、規格化されたものです。

撮影日時や場所を確認することができるので、大量の写真の管理が容易になるなどメリットも大きい反面、たとえば自宅で撮影した写真をSNSにアップすると場所を特定されるなど、ストーカーに手がかりを与えてしまう危険性もあります。

そのため、とくに女性はデジカメやスマホの設定で、写真撮影の際は位置情報を付加しない設定にしておいたほうが安心だといえます。

しかし、撮影したあとからでもExif情報は消去することはできます。いちばん簡単な方法は写真のプロパティから削除するやり方ですが、フォトレタッチソフト（写真編集アプリケーション）でも削除することができます。また、フォトレタッチソフトであればExif情報の書き換えもできます。

無人偵察機から痴呆症の徘徊防止まで

ところで、Exif情報などに記録される位置情報は、電子コンパスやGPSを使って測定された情報です。

カーナビにも使われているGPSは、高度2万200キロメートルの軌道を回る31基（2009年）の「GPS衛星」[注3]とよばれる人工衛星のうち、最低でも4基以上の衛星（理論上は3基以上）[注4]があれば活用できます。

これは、30秒周期で発信される「位置情報」と、それを発信する際の「時刻」を4基から受信することで、GPS衛星とレシーバー[注5]との距離を算出し、位置情報を割りだすというシステムです。このGPSはいまや、無人偵察機から痴呆症の徘徊防止まで幅広く利用されています。

ＧＰＳは、もともとアメリカが軍のために開発した航法システムの一つでした。このシステムが有名になったのは、１９８３年の大韓航空機撃墜事件[注6]がきっかけで、その後、民間機の安全な航行のために民生向けにも開放されたのです。現在でも、アメリカ国防総省が年間４億ドルの維持費をかけて運用しているといわれていますが、こんなにも巨額の維持費でありながら、無料で使えるとはすごいシステムです（ただ、いつまで無料で使えるかは疑問ですが）。

日本では、既存のＧＰＳを補完するかたちで、独自の準天頂衛星システム（Quasi-Zenith Satellite System、略してＱＺＳＳ）計画がスタートし、「みちびき」とよばれる測位衛星が順次打ち上げられています。２０１７年には、みちびき４号の打ち上げに成功し、最終的には２０２３年度までに７基体制で運用されることが決まっています。

この日本独自の測位システムが本格的に稼働すると、いまよりも高精細で安定した測位が可能になり、数十センチの誤差での測位が可能になるといわれています。

また、日本以外でも中国、ロシア、欧州などが独自の測位システム[注7]の構築を目指して次々と衛星を打ち上げており、プライバシー保護の問題ははらみつつも、今後も進化を続けることになるでしょう。

「北」はイギリスに向かって動いている

しかし、これだけ世界中で測位システムが構築され、位置情報の精度がどれだけ上がろうとも、結局のところ方位を知るためには昔から使われている方位磁石が必要なのです。

方位磁石は、いまではスマホなどでも利用できるようになっていますが、この仕組みには微弱な地磁気を検知できる磁気センサーが使われています。そして、あまり知られてはいないのですが、電子コンパスによる南北の測位には、じつは2種類あるのです。

たとえばiPhoneの「コンパス」という設定には「真北」モードを有効にするか無効にするかを決める項目があります。「真北」を無効にすると、設定は「磁北」

モードに切り替わります。

地球は超巨大な磁石であるとともに、超巨大なコマのように回転しており、その回転軸（＝地軸）は、ときとともに移動しています。「磁北」とは、地軸上での北を指します。

つまり、厳密にいうと、「地図上の北」と「磁北」はズレているのです。そのため地図を使ったナビゲーションを実行する場合は、「真北」を有効にする必要があります。

この「磁北」は、いままではおおまかな傾向として年に数センチずつカナダ方面に向かって移動していたのですが、２０００年以降はイギリス方面に向かって移動しはじめたそうです。

この地軸の移動のメカニズムは完全には解明されておらず、最近では地球温暖化により氷河が大量に溶けることで、地球上の質量の大規模な移動が起こり、それにともない地軸が大移動するのではという説もあります。

注1　「ファイル復元」をネットで検索すると復元用アプリケーションがヒットしますが、私たちはそれらとは違う専用の機器を使います。ただし、上書きしてしまうと復元はかなり難しくなります。

注2　富士フイルムが開発した規格で、いまでは数多くのデジタルカメラやスマートフォンに採用されています。Exif情報は、画面上では情報が付加されていることはまったくわからないのですが、実際には写真に記録されています。

注3　正式名称はNAVSTAR（ナブスター）衛星。

注4　じつはＧＰＳから発信される信号には2種類あり、一つは民生用として広く使われている信号で、もう一つは民生用よりも格段に精度が高く、暗号化された軍事用の信号です。

注5　受信側という意味で、今回のエピソードの場合であればデジタルカメラです。そのほかにも、カーナビゲーションシステム、スマートフォンや一部のノートパソコンなどに搭載されています。

注6　大韓航空のボーイング７４７が、旧ソ連領空を侵犯したとしてソ連軍の戦闘機により撃墜された事件。乗員・乗客合わせて２６９人全員が死亡する大惨事となりました。

注7　中国は北斗（別名：Compass）という独自の測位システムを持ち、35基の衛星での運用計画のうち、すでに16基以上の衛星が打ち上げられているといわれています。ロシアは旧ソ連の時代からグロナス（GLONASS）という独自の測位システムを保有しているのですが、ソ連崩壊後は資金不足のために計画どおりに進んでいないといわれています（計画では24基の衛星で運用）。ＥＵはガリレオ（Galileo）という独自の測位システム計画があり、30基の衛星で運用する予定で、このガリレオにはＥＵ以外にも中国や韓国なども参加しています。日本も参加を要請されたそうですが断ったそうです。

第4章
どうしても韓流ドラマが観たいお客様

その日は天気もよくてすごしやすい快適な日でした。私はテクノサポートセンター受付窓口で、今日はどんなお客様がいらっしゃるだろうかと待ちかまえていましたが、めずらしく来館者が少なくて暇をもてあましていました。

寺田センター長が定年退職したことを受けて、東京本社から新しく西川センター長（仮名）が赴任して来ていました。西川センター長はcompnoteの中で飼っている熱帯魚に餌をあげたり、新しい熱帯魚を追加したりしています。水中ポンプの音がかすかに聞こえています。

ショールームの展示ブースでは、最新型のパソコンがずらりと並んで、見る人もいないのに最新機能のアピール映像を流しています。

私は窓の外を見ました。そこからはおだやかな様子の公園が見えます。

こういう、何もすることがない時間というは、私にとっては危険な時間でもあります。自分自身を省みてしまうからです。

この仕事はなんのためにあるのか……？

「こんな仕事をいつまで続けることになるのだろうか」「がまんしていればいつか異動があって特殊対応から解放されるのだろうか」「会社はいったいいつまで特殊対応を継続するつもりなのだろう」「最初は、会社のために誰かがしなければならない業務なんだと納得していたけれど、結局はいいように利用されているだけなんじゃないか」……。

このごろ、少しずつですが、会社に対して疑問を持つようになっていました。どんなに難しい案件を解決しても誰からも評価されることなく、労をねぎらう言葉があるわけでもありません。また、うすうすわかってきたのですが、佐藤役員は自身の社内評価を高めるために特殊対応を利用しているようなのです。

でも会社を辞める気にはなりませんでした。

父は私が高校を卒業する前に亡くなり、母はいまも若いころにかかった病気の後遺症のため入退院を繰り返しています。母は「私が一流企業で働いていること」が自慢で誇りなのです。それを思うと辞められませんでした。

のんびり流れる時間とは反対に、頭の中をさまざまな疑念が渦巻きはじめたときに、スタッフルームから声が聞こえてきました。

「笹島さん、宇野川（仮名）さんという女性から電話です」

私は「宇野川さん」を記憶から検索してみましたが何も出てきません。しかし、どこかで聞いたような気がしたので、名前を小さな声で復唱しながらスタッフルールに入り、自席に着いて電話に出ました。

「たいへんお待たせいたしました。笹島です」

「宇野川やけど。△△さんから連絡がいってると思うんやけど、パソコンはいつ見てもらえるの。早くしてほしいねん」

「いつが都合がいい？　いまや！　いまから家に来い」

△△という名前には聞き覚えがありました。
東京本社の佐藤役員を通じて、1週間ほど前に特殊対応を指示するメールが来ていた件

です。私はメールソフトを起動して「宇野川」で検索しました。

「はい。お話はうかがっております。お返事が遅くなりたいへん申しわけございません」と言いながらも、内容についてはは完全に忘れていました。つい先日まで多忙をきわめていたのと、緊急性が低いと判断したためですが、完全に私の失態です。急いでメールを斜め読みしました。トラブルの内容から判断すると、結論としては技術的に解決不可能なようです。

「じゃ、いつ家に来るの？　いつ？」

宇野川様は問い詰めてきます。

「上長とも相談をしておりまして、決まり次第ご連絡差しあげたいと思います」

「早よしてほしいわ！　いつまでかかってるの！」

宇野川様は本気で怒りはじめました。1週間も待たされれば怒るのもあたりまえです。

「申しわけございません。それではいつがよろしいでしょうか？」

「今日来て。いまからやで。わかった？」

「え？　今日ですか？」

今日は特別な予定はないので問題はありません。しかし、技術的に明らかに解決不可能と思われる案件であり、しかも一般のお客様のようなので、佐藤役員はいったいどういうつもりで宇野川様のケースを特殊対応として投げてきたのか、確認したほうがいいと直感しました（通常は、サービスセンター対応になるはずです）。

「申しわけございませんが、準備もあるので明日はいかがでしょうか？」

するとと宇野川様の声がさらに激高しました。

「おまえはアホか！　いつがいいか聞くから今日って言うたんやろ！　今日がダメなんだったら最初に言え！」

まったくもっておっしゃるとおりです。私は電話で会話を続けながらすぐに出発の用意をはじめ、特殊対応に同行してもらうため、本件のメールを西川センター長に転送しました。

それを見た西川センター長はあわてて、両手で×印をつくり「無理」というサインを送っています。

「お時間がかかってしまいたいへん申しわけございませんでした。そうしましたら本日、私と西川の二人で訪問させていただきたいと思います。お時間ですが、準備もありますので、午後2時でご都合はいかがでしょうか？」

「じゃ、ご都合よいから絶対に2時に来いよ」

「仮病で休んでもいいですか？」

私が電話を切ると西川センター長はすかさず言いました。

「すまんな。今日、俺は無理やから、金山君と行ってきて。関西支社で打ち合わせがあるねん」

そんなことは予定表に書いていません。私の個人的な偏見かもしれませんが、本社からの人事異動でこのような部署に流れてくる人は、事なかれ主義が多いように思います。

特殊対応に限らず、クレーム対応は二人体制が原則です。そこで金山君を同行させることも考えたのですが、過酷な特殊対応のトラウマからか、最近は挙動がおかしくなり、日に何度も、いきなり何の前ぶれもなくスタッフルームのゴミ箱を蹴り飛ばすようになっていたのです。そのたびにゴミが散乱するのですが、それを今度は黙々と自分でていねいにかき集めてゴミ箱に入れ、何事もなかったかのようにしているのです。

私たちはそれを見ていたのですが、いつの間にかそういう「日常」に慣れてしまっていました。ということは、私たちもやはりどこか、おかしくなっていたのでしょう。

また金山君は、朝、会社に電話で「仮病で休んでもいいですか?」と言ってきたことがありました。風邪などの体調不良を理由にするのではなく、堂々と「仮病」と言ったのは、きっと判断力が擦り切れてしまっていたのでしょう。

「関係については社内外を問わず口外を禁ずる」

結局、私は一人で訪問対応することにしました。佐藤役員からの特殊対応依頼のメールにはおおよそ次のように書かれていました。

『△△さんからは宇野川様が満足するかたちで円満解決を強く求められており、そのことを念頭に置いて対応のこと。対応には細心の注意を払うこと。また、△△さんと宇野川様との関係については社内外を問わず口外を禁ずる。

〈要望〉故障したcompnoteで録画していた『宮廷女官 チャングムの誓い』というテレビ番組を交換用のcompnoteにコピーしてほしい。

詳細なこれまでの対応履歴は以下のとおり。

〈これまでの対応履歴〉・・・・・・・・・・・・』

私は「△△さんと宇野川様との関係については社内外を問わず口外を禁ずる」という部分から漂う〝キナ臭さ〟を見落としていたため、宇野川様を「一般のお客様」と思いこんでしまったのでした。思い出すのが遅かったのですが、△△様はA社と関係の深い企業の重役を務める方です。

――（そういうことか……）私には思いあたることがありました。

ところで、スタッフに聞いたところによると、『宮廷女官 チャングムの誓い』とは、当時人気の韓流ドラマで、朝鮮王朝時代に宮廷女官になったチャングムという女性の波乱に満ちた人生を描いた物語とのことでした。私は韓流ドラマに興味がなかったので、まったく知りませんでした。

テレビの視聴や録画ができるパソコンが故障した場合、録画した番組は二度と再生はできません。これは、業界で決められたルールで、番組の著作権を守るため、録画した機器

（この場合はパソコン）自体でなければ再生はできず、それは修理のためにハードディスクを交換した場合でも同じです。あまり知られていないのですが、パソコン本体とハードディスクに保存されている録画データは紐《ひも》づけされるかたちでカギがかかっており、ハードディスクを交換すると、その紐づけが解かれてしまうのでカギは解除できなくなります。

ただし、ＤＶＤやBlu-rayなどのメディアにダビングすることは可能です。[注1]ところが、今回の場合は録画したcompnoteが故障してしまっているのでダビングもできません。つまり、技術的には解決不可能な要望なのです（いまのように、YouTubeやAmazonプライムなどのサービスが普及する前の出来事です）。

「技術的に不可能です」「だったら納得するまで謝って来い」

技術的に不可能であれば、別の方法を考えるしかありません。「社内外を問わず口外を禁ずる」ことから、私は東京本社の佐藤役員に電話しました。

「宇野川様の件ですが、パソコンで録画した番組を単純にファイルでバックアップしても再生はできないので、技術的に対応は無理です」

「だったら謝って納得してもらえばいい」

「謝ってすむとは思えないです」

「技術的に無理なんだろう？　だったら納得してもらえるまで謝るしかないだろう」

「はい……」

「技術的にどうのこうのというのは、俺は知らないよ。技術屋の仕事だろう。技術で直せないなら、誠意を示せ。なんでもいいから円満に解決して来いよ。いちいちそんなことで電話するな」

「それでは、必要経費は無制限ということでよろしいでしょうか？」

するとあっけなくＯＫが出ました。経費が発生した場合は私が立て替えて、後日、会社が支払うことになります。佐藤役員にしてみれば、自分のお金ではありませんし、第一、私が一時的に立て替えられる金額などたかが知れているので気にならないのでしょう。

私は、テレビの視聴や録画ができるＴＶチューナー付きの交換用compnoteと、工具一式を用意して、大阪は北摂の閑静な住宅街に建つマンションに向かいました。まわりは一戸建て住宅が多いせいでかなり目立つ建物です。そのためマンションからの眺めはよさそうでした。

時間ぴったりにインターホンを押すと、宇野川様が出てきました。モデルでもやっていそうな感じの女性です。

「あんた、一人?」

「はい。すみません。私一人で対応させていただきます」

「電話してきた人?」

「はい。すみません。お電話ではたいへん失礼いたしました」

宇野川様は不審人物を見る目で、品定めするように視線を上下に動かして、仕方なさそうに部屋に入るようにうながしました。

リビングに入ると、パッと視界に入っただけでも5匹以上の猫がいます。ほかにもまだあちらこちらにいるようです。スリッパはないので私の靴下は毛だらけになってきました。この部屋だけで私が住んでいるワンルームマンションくらいの広さがあるように見えました。

「直そうとがんばっていますよ」というパフォーマンス

私は早速、compnoteを見せていただきました。電源を入れ、メールにあったようにWindowsが起動しないことを確認しました。

それから、パソコンを分解しハードディスクを取り出して、それを解析用のcompnoteに取りつけて中身を確認します。モニタには録画された番組のファイルが見えています。でも、結論はわかっているのです。これはコピーしても再生できないのです。

私がいま行っている作業は、すべてパフォーマンスです。みなさんも、自宅に家電修理の人が来たけど、「いったい何をやっているのかわからなかった」という経験が一度や二度はあるのではないでしょうか。私は、「何をやっているのかわからない」ことを利用して、精一杯努力していますよ、とアピールしていたわけです。

さらに、会社の経費を使って解決するにあたり、宇野川様がどの程度「チャングムの誓い」という番組に思い入れがあるのか探ることにしました。

「いま見せていただいた限りだと、録画番組を救いだすことは難しいかもしれません」

するると、宇野川様は深呼吸をしたあと、般若のような形相で叫んだのです。

「おい！　おまえは何を言うてんねん！　番組を返せ！　おまえのところのパソコンやろ！！　あの番組は大切なんや！　返せ！　すぐに返せ！　返せ！……」

あまりの大声に、部屋にいた猫たちはパニック状態、ある猫はダーッと物陰に隠れ、ある猫は上を下への大暴れを始め、ある猫は鳴き声をあげて、物は倒れ、水はこぼれ……。

私は宇野川様が落ち着くのを待つしかありませんでした。宇野川様は怒鳴りながら両腕の袖をまくって私に見せつけるように迫って来ます。

「おまえ！　これがわかるか！　見ろ！　チャングムの誓いを返せ！　なんとかしろー！！」

両腕には無数の傷跡が見えます。リストカットです。なかには血が固まったばかりと思われる生々しい傷も見えます。なぜそれを見せつけるのかは理解できません。特殊対応で修羅場には慣れている私でも、恐怖が湧きあがりました。

暴力団が「殴るぞ」と脅すのはわかります。宗教団体が「呪うぞ」と言うのもわかるので、怖いことは怖いのですが納得はできるのです。しかし、意味がわからない態度で迫られるのは初めての体験でした。とにかく怖くていたたまれません。

技術者としては禁じ手、仕事の放棄

これでは番組が復元できないことを納得していただくのは無理です。私はすぐに別の提案をすることにしました。

「宇野川様、お話を少し聞いてください。お願いします。少しだけ聞いてください」

「おい！　無理なんて言うたらあかんで！　わかってるな！　絶対に無理って言うたらあかんで！　それだけは言うたらあかんで！」

「はい。決してそういうことではありません。提案なのですが、市販の『チャングムの誓い』のＤＶＤ全巻セットを購入するので、それを△△様からのプレゼントとして受け取っていただきたいのです。復元がどうしても不可能な場合は、そのような対応をしてもかまわないと会社からも許可を得ております」

もちろん、これは技術サポートとしては禁じ手であり、仕事の放棄でもあります。しかし、技術対応ではどうしようもないケースであり、かつ会社からは「円満解決」が絶対の条件で、そのためには「経費は使ってもよい」ことになっています。

こんなことが常態化してしまえば、「録画が見られなくなったから、DVDをよこせ」と言うお客様が次々と現れるのは目に見えているでしょう。私としては、苦渋の決断でした。


宇野川様もそれを聞いて少し気持ちが落ち着いてきたようです。

「おまえ、それはほんまか。だまそうとしてるのと違うやろうな」

「そんなことはしません。その証拠にいまから宇野川様の目の前で、私のパソコンを使ってネットで購入します。発送先を宇野川様宛にして決済します」

私は解析用のcompnoteで大手通販業者のホームページを開き、『チャングムの誓い』のDVD-BOXを私の個人IDで購入し、配達場所を宇野川様宅に指定しました。

苦渋の決断に私が踏みきったのは、宇野川様がA社と関係の深い△△様の愛人だったからです。一般のお客様には、たいへん申しわけない思いでいっぱいでした。

長い長い身の上話が始まる……

私は代替のcompnoteをセッティングし、テレビの視聴や録画もできることを確認して故障したパソコンと交換しました。これで対応完了です。

「あんた、△△と私の関係は知ってるんでしょ」

「個人的な知りあいとしか聞いていません」

「でも、だいたいわかってるんでしょ」

「すみません。私にはなんのことかわかりません」

「毎月お手当もらって、ここの家賃も全部出してもらってんねん」

「そうなんですね」

「私は△△の愛人やねん。ペットみたいに飼われてるねん」

部屋の中では、猫たちも落ち着きを取り戻してきたようです。

「さっきはごめんなさいね。突然叫んだりしてビックリしたやろ?」

それよりも早く部屋を出たくて仕方がありません。

「私ね。レイプされてから頭がおかしくなってん。理不尽なこととか自分の思うとおりに行かないことがあると、ああやってわけわからんようになるねん」

私は知ってはいけないことを知ってしまったような気がしてつらくなってきました。一刻も早く帰りたい気持ちです。

「私もな、DVDくらいパッと買ったらいいとは思っててん。でも、△△が『俺はプロを知ってる、俺が呼べばすぐ来る』って言うてたから。あんた、パソコンのプロなんやろ?」

「そうですね。パソコンのことはよく知っているつもりです」

「じゃ、帰る前にワードとエクセルの使い方を教えて」

「え?」


宇野川様は初歩的なワードとエクセルのレクチャーを受けて上機嫌になり、コーヒーまで淹《い》れてくれました。猫たちが私にすり寄ってきます。

エクセルを操作しながら語る宇野川様の身の上話によれば――。

高校3年生のときに父親を亡くし、母親と妹を支えるために事務員としてあるメーカーの下請け工場で働きはじめた。ただ、その収入だけでは家計を支えきれないためスナックでも仕事をしながら生計を立てていた。あるとき、工場の上司にスナック勤めがばれてしまい、口止めにセックスを要求されしばらくは耐えたもののつらくなり退職。自暴自棄になったこともあり、風俗店に勤めるようになったが、母親がどうしても辞めてほしいと泣きついてきたので、親子で話しあい、妥協点として大阪市の北新地にあるクラブに勤めることになった。

そして、そのクラブで△△様と出会って、クラブに勤めながら愛人契約を続けている、とのことでした。

もちろん、本当の話かつくりあげた話かは、私にはわかりません。

このパソコンで観ていたかった

今回の壊れたcompnoteは、事務員として工場で働きはじめたときに、親戚の人から「少しでも勉強になれば」ということで渡された中古品だったそうです。宇野川様はこのcompnoteを使って、日本語入力の練習も兼ねて毎日欠かさず日記を書いていたそうです。

やがて、映画やドラマの「女性ががんばってはい上がる系」をよく観るようになり、そのなかでも『チャングムの誓い』は一番のお気に入りとなりました。つらいとき悲しいとき腹が立ったときに、自分を励ますために、何度も繰り返し観ていたとのことでした。

「DVDで全巻パッとそろえてもよかってんけど、このパソコンでずっと観てたいなァと思っててん」

身の上話が本当かどうかは、私にはわかりませんが、compnoteを大切にされていたのだなということは伝わりました。

「私はいつか自分で店を持って、水商売の世界で成功したいねん。そのためには、やっぱりパソコンも使えないとあかんから」

宇野川様は本棚を指さしました。そこには小説や漫画に混ざってワードやエクセルの解説本が並び、資格取得の本もあります。

「でも本はダメやね。実際に人に教えてもらったほうが100倍はかどるわ」

この対応からしばらくたってからになりますが、宇野川様があれほど執着した『チャングムの誓い』とはどんな物語だろうと気になって、ふとNHKで放送していた再放送を観てみました。

するとそこには、出自が故に朝鮮王朝のなかで嫌がらせを受けたり、いじめられたり、さらには命の危険にまでさらされる陰謀にはめられたりと、ひどい目にあいながらも健気にがんばるチャングムの姿があるではありませんか。

なんということでしょう。

それ以降、見逃さないように毎週欠かさず録画している私がいたのです。

「がんばれ！　チャングム！」

コラム4

サポートセンターにいらっしゃるさまざまなお客様

テクノサポートセンターには、さまざまな方が来館されます。そのなかでも、とくに私の印象に残ったお客様のエピソードをいくつかご紹介したいと思います。

パソコンを顔面に投げつけてきたビジネスマン

あるビジネスマンの方が、プレゼン中に内蔵バッテリが切れてしまい、大恥をかいたうえに、商談が流れてしまったとのことで、ブチ切れてショールームに駆け込んできました。

「てめぇ！　仕事中にバッテリが切れたら使い物にならねぇじゃねぇか！」と叫びながら、順番に並んでいただくようご案内しようとした私に向かってcompnoteを力まかせに投げつけたのです。

もともと運動神経の鈍い私は、「パーフェクトなご案内の体勢」のまま顔面で受け止めてしまい、私の鼻血でお客様のパソコンは血だらけになってしまいました。

順番待ちをしていたお客様たちも、軽いパニック状態になってしまい、代わりのスタッフが駆けつけて来たことで私の出番は終了しました。

別のスタッフがおうかがいしたところ、このお客様は、昨日から出張で大阪に来ていたのですが、ＡＣアダプタを忘れてきたそうで、肝心の商談のときにバッテリ切れになることに気がつかなかったそうです。結局、お客様はショールームでフル充電して帰られました。

鼻が大きく腫れあがって、激痛も怒りも収まらない私は病院に行くことになりました。サポートセンターは、さまざまな方たちがそれぞれの感情や疑問をぶつける場でもあるのですが、パソコンをぶつけるのだけはやめてほしいものです。

パソコンは快適な住処!?

あるレストランで料理長をしている方が、パソコンの動きがおかしいとのことでテクノサポートセンターに持ち込まれました。

厨房のすぐ近くで使われていたとのことでかなり汚れています。電源を入れてしばらくすると、画面が固まってしまいまったく動かなくなりました。私は、パソコンの内部を冷やすファンが大きな音を立てながら回っていることから、パソコン業界でいう「熱暴走」と判断しました。熱暴走とは、CPUなどの部品が高熱を帯びることによって正常に動作しなくなり、熱破壊を防ぐために強制的に動作を止めてしまうことをいいます。

compnoteの汚れ具合から、内部にもかなりの埃や塵が溜まっているようです。私は内部清掃するためにパソコンをスタッフルールに持ち込み、ネジを外して本体の底板を開きました。

あのときの衝撃的な光景は鮮明に覚えています。

そこには人類が地球上に現れるよりはるか昔、約3億年前の古生代から存在し、生きている化石ともよばれ、忌み嫌われながらも全世界に生息している昆虫がひしめきあっていたのです（具体的な名称を書くのもはばかられるので仮にGとします）。

おそらくは、Gたちにとっても衝撃的だったと思います。いきなり白日のもとにさらされたGたちはいっせいに飛びまわったりはいまわったりで、スタッフルームは阿鼻叫喚の地獄絵図となり、一時的に業務停止に追い込まれました。

その後、テクノサポートセンターはゴキブリホイホイ、コンバット、ゴキジェットで完全武装したのはいうまでもありません。

その日以降、生命の息吹が感じられる怪しいパソコンを分解する際は、本体をビニール袋に入れ、ドライバーと殺虫剤と緊急事態連絡用の携帯電話をセットにして、近くの公園まで持って行ってから分解するようになったのです（その後、この公園では何度もGとの壮絶な戦いが繰り広げられました）。

あなたのパソコンは大丈夫ですか？　何かの気配を感じたことはありませんか？

ご夫婦でつくりあげた最後の共同作業

冬も終わり、いよいよ春が来るという時期でした。

山田様（仮名）ご夫妻が来館されました。山田様夫妻は、当時最新型のcompnoteを購入したばかりでした。

購入した目的は、自分たち夫婦と子ども、孫たちを撮影した膨大な数の写真や映像を、すべて取り込んで一つの映像に仕上げることでした。

「なんとか生きている間に完成したらいいなぁと思っているんですよ」

山田様夫妻は照れくさそうに笑いながらおっしゃいます。

それから頻繁に、山田様夫妻はcompnoteをテクノサポートセンターに持ち込み、操作や設定などのレクチャーを受けて帰られました。とくに購入されたばかりのときは毎日のように通って来られました。当時のテクノサポートセンターは基本的に技術相談が無料だったので通いやすかったのでしょう。

ちなみに、初めての質問は「電源ボタンの押し方を教えてほしい」というものでした。「これは先が長いな……」と感じながら、その後もキーボードの使い方をひたすらレクチャーしました。ほかのお客様の応対で忙しいときには、山田様はショールームの片隅に座って、夫妻で一生懸命自主勉強するのです。お昼どきになるとお弁当を広げて食べ、そしてまた勉強を再開していました。

たいへん熱心な山田様でしたが、あまりにも覚える速度が遅く、何度ご説明しても忘れてしまうことが多いので、私は「パソコンを使いこなすことはできないだろう」と、失礼ながら密かに思っていました。

山田様夫妻も「こんな調子で使っていたら、目的を達成するのにあと１００年はかかりますなぁ！」と笑っていらっしゃいました。しかし、あきらめる様子は微塵《みじん》もありません。何度も何度も来館されます。

操作を覚えられない理由はいろいろあるのですが、第一には、パソコン特有のカタカナ用語が原因でしょう。たとえば「クリック」「アプリケーション」「インストール」「プロパティ」などなど、山田様が日常生活では聞くことのないカタカナが大量に出てきます。

「カタカナばっかりでわけがわからんなぁ。広辞苑（当時）にも載ってないしなぁ」

もともと日本のＩＴ業界は、昔から専門用語の日本語化には熱心ではなく、英語をそのままカタカナにしたものが多いので理解しにくいのです。

結局、日本語入力を覚え、インターネットに接続してメールの送受信ができるようになるまで9カ月ほどかかったと思います。でも、それで終わりではありませんでした。

今度はデジカメで撮影した写真や、ムービーカメラで撮影した映像などの取り込みが待っています。

遠い道のりでしたが、やがてパソコンの操作にも慣れ、次第に習熟することで少しずつ来館されるペースも減り、いつしか姿を見ることもなくなったのでした。

そして、その次の年の春。山田様夫妻の親族の方がお二人来館されました。

お話をうかがうと、山田様夫妻は1カ月ほど前にインフルエンザに感染し、重症化してしまい、最初は奥様が、そしてあとを追うように旦那様が亡くなったとのことでした。

親族のお二人は、山田様夫妻が遺品として遺していたDVDが見つかったのだが「再生しようとしてもできないので検証してほしい」とのことで来館されたのです。

渡されたDVDを見ると、表面には家族の集合写真とともに「家族」という文字がきれいに印刷されています。早速、ショールームに設置されているDVDプレーヤーにかけてみましたが、画面には「DVDのクローズ処理がされていません」と表示されるだけでした。

そこで、山田様夫妻が使っていたcompnoteで動画編集ソフトを起動し、クローズ処理を行いました。「クローズ処理」とは、映像編集をこれ以上しないので

DVDプレーヤーなどの機器で再生できるようにするための最終処理のことです。

もう一度DVDを再生してみたところ、今度は無事に映像が再生されたので、ショールームで内容を確認していただくことにしました。山田様夫妻を知るスタッフは多かったので、手の空いている者は、許可をいただいて一緒に拝見することになりました。


そっと様子をうかがうと、親族のお二方が目を真っ赤にして控えめに鼻をすすっています。子どもさんやお孫さんたちの膨大な量の写真や映像が、一つの物語のように編集されています。生まれた日、幼稚園、小学校、中学校、高校、大学そして成人するまでの写真や映像の数々……子どものころに作製した工作物や習字、絵画などの写真もあります。

まさに「家族」という名の大河ドラマです。お二人は、早速親戚を集めて上映会を開きたいとお持ち帰りになりました。

山田様夫妻はこのためにパソコンを買い、操作を覚え、コツコツ作業し、人生の最後の日々でこの作業を仕上げたのでした。

もしかしたら、「クローズ処理」をしなかったのは、私たちスタッフにも、自慢の成果を見てほしかったからなのではないだろうか――そんな思いがよぎりました。

注1　電機メーカーや放送会社などが加盟する業界団体＝ARIB（アライブ一般社団法人電波産業会）が定めた録画にかんするルールで決められています。各電機メーカーはそのルールに基づいてレコーダーやパソコン用のテレビチューナーを製造しています。たとえば、録画した番組はＤＶＤやBlu-rayに対して10回までダビングができる「ダビング10」もARIBが定めたルールになります。

第5章
某国首相のパソコンに仕組まれた秘密

特殊対応はどれも重い案件を扱っていますが、ごくまれに「死んでも解決しろ」というスペシャル級のものが飛び込んで来ることがあります。

具体的にいえば、来日する各国の首脳や大臣、そしてその関係者がかかわる案件です。

もちろん、それらのVIPたち全員がA社製品を使っているわけではありませんが、compnoteは欧米でも知名度が高いため、来日された際になんらかのトラブルへの対応に駆り出されることがありました(専門のサイバーセキュリティ担当者も同行しているのでしょうが、たんなる故障なら「メーカーの人間に聞いたほうが早い」というわけです)。

今回のケースは、某国の首相が執務で使用しているcompnoteへの対応で、技術的には問題なく解決したのですが、謎が多く、なんらかの諜報活動が関係していたのではと思われるトラブルでした。

よりによって、首相のパソコンが故障?

ある国際会議が大阪で開催されたときのことです。各国の首脳とその関係者、さらに世界中から報道陣も来日したため街は賑わっていました。空港や滞在先のホテル、そして会議場とその沿道などは厳戒態勢となっています。

そんななか、佐藤役員から私に電話が入りました。

「来日中の□□□首相が使っているパソコンの動きがおかしくなって困っているらしい。いまから×××ホテルに向かって対応しろ。型番は○○○○○○、メモしたか？」

「あの、具体的に何がどうおかしいんですか？」

「俺にわかるわけない。とにかく急いでいるらしいからいますぐ行け！」

「内容がわからないと準備ができませんが……」

「死んでも解決してこい」

「金山君を同行させてもいいですか？」

「二人で向かうと伝えてある」

佐藤役員からの指示はいつもメールですから、電話というのはさすがはＶＩＰです。

「金山君、一生の思い出になるすごい依頼が来たぞ。かの有名な□□□首相が修理をしてほしいって。作業が終わったら首相と記念写真を撮ろう！」

西川センター長が興味津々でこちらを見ています。

「西川センター長はお忙しいので無理ですよね。大丈夫です」

地味に面倒な国内仕様と欧米仕様の差

私たちは、佐藤役員から聞いた型番のcompnoteを持って行こうとしたのですが、倉庫にありません。うっかりしていましたが、その型番は欧米仕様のcompnoteでした。compnoteは世界中で販売しており、それぞれの地域に合わせてローカライズされて仕様が少しずつ違います。しかたがないので、国内仕様のもので同等仕様のものを探し出し、それを持って行くことにしました。ただ、いくつか問題があります。

まず、キーボードが違います。日本語配列キーボードは英語配列キーボードと違い「かな」文字が刻印されています。おそらくみなさんが使っているパソコンのキーボードも「かな」があると思います。そのほかにも「Enter」キーの大きさが違う、特殊記号などの位置が違うなどありますが、これらはたいした差ではないでしょう。

もっと大きな違いはパソコン本体に内蔵されているDVDドライブやBlu-rayドライブです。DVDドライブやBlu-rayドライブには、地域コード[注1]（リージョンコードともいう）

が設定されており、ＤＶＤやBlu-rayで販売されている映画などを再生する際は、この地域コードが合っていないと再生されません。たとえばＤＶＤの場合、日本であれば地域コードは「２」でBlu-rayは「Ａ」となります。パソコンの場合は通常、５回までは地域コードが変更できるようになっています。注2

また、厄介なのは（あたりまえですが）日本仕様のパソコンにインストールされているWindowsは日本語版であるということです。Windows 10であればいくつか設定を変更すればほぼ問題なく言語の変更ができるのですが、当時はWindows 7の時代でした。見かけ上は変更することができたように思えても、本来の英語版Windowsとはやはり違う部分があります。

いまから英語版Windowsを用意する時間もありません。万が一、compnote本体を丸ごと交換しないといけない場合には、トラブルの発生しているcompnoteからキーボードとハードディスクを取り外し、新しいキーボードとハードディスクに入れ替えることで対処するしかないと判断しました。

ホテルに到着してフロントで名前を告げると、スーツ姿のいかにも屈強そうな警護二人と通訳の人が現れました。パーティションで区切られたエリアに連れて行かれて、まずはボディチェックです。

持参したcompnoteは本体を開けて異常がないか調べられ、内蔵バッテリは必要ないということで一時預かりとなりました。携帯電話も一時預かりとなり、その代わりに、ゲスト用の携帯電話を渡されました。私たちは、警護二人と通訳とエレベーターに乗り込みスイートルームのある階で降りました。

VIPのパソコンがウィルスに脆弱なわけがない

部屋には何人もの人たちがいましたが、首相の姿はありません。金山君はあたりを見まわしながら言いました。

「いないですね」

考えてみれば、こういった対応のとき、首相本人が直接トラブルの内容を訴えるなんてことはないのです。

「どうぞ、パソコンを見てください」

通訳の人がパソコンがあるテーブルまで私たちを案内しました。

「電源を入れます。Windowsが起動します。文書作成ソフトやホームページを見るためのソフトなどを起動します。5分ほどたつと画面の動きが緩慢になります。そのあとさらに5分ほどで画面が完全に固まってしまいます」

通訳の人はご覧のとおりという感じで肩をすくめました。

トラブルを確認したところ、全体の動きから見てウィルスやスパイウェアに感染した場合とよく似ています。先入観はいけないと思いつつも、「まさか、首相のパソコンの防壁がそんなに甘いだろうか？　感染は考えにくい。機械的な故障か？」と思いました。

そこで、私は首相のcompnoteからハードディスクを抜き取り、代替の新しいcompnoteのハードディスクと取り替えて起動させてみました。[注3] すると、まったく問題なく快適に動作しています。

5分が経過し、20分ほどそのまま見守りましたが、やはり問題ありません。金山君も首をかしげています。

半導体のロゴの一部に違和感が!

これは本当に機械的な故障なのだろうか。多種多様なウィルスやスパイウェアの動きを見てきた人間としては、感覚的に納得いきませんでした。

「金山君はどう思う?」

「う〜ん、難しいですね。さっきの動きからは機械的な故障とは思えないんです」

そこで許可を得て、首相のcompnoteを分解してみることにしました。金山君が素早く手を動かし、床一面に、きれいにそろえて並べられた部品が広がりました。以前の特殊対応で、パソコン内部に盗聴器がしかけられていたことがあったのですが、ここには何もなさそうです。私たちがおかしな動きをしないよう、何人かにじっと見張られているのが背中越しにもわかります。

ふと、エキスパートの金山君がメインメモリを手に取り、目を細めて見つめはじめました。

メインメモリとは、簡単にいうと、パソコンが動作する際に利用される作業場所のようなものです。一般的に、作業場所は広ければ広いほどパソコンは快適に安定して動作するといわれています。

「どうした？　何か問題あるか？」

私にはピンときていません。

メインメモリは、メーカーや機種にもよりますが、ユーザが直接触ることのできる唯一といっていい内部部品で、たいていのパソコンは増設したり入れ替えたりできるようになっています。

金山君は、メインメモリに搭載されている小さな半導体チップを指さして、私に見せました。そこには、メモリの容量や型番などの情報とともに「☆☆☆☆☆」という海外メーカーの社名が印刷されています。

「社名を見てください。何かおかしいと思いませんか？」

金山君はそう言いますが、長さが2センチもない半導体チップに、ミリ単位で印刷されている小さな文字は非常に見えにくいものです。

「ロゴの一部に違和感があります」

そこで、交換用のcompnoteからも、同じメインメモリを取り出し見くらべてみました。同じ容量、同じ型番、同じメーカー名を文字は示していますが、そこには微妙ながらもはっきりとした違いがありました。

「おっ。ほんとだ！　違うぞ！」

まわりの人たちも何か見つかったのかと集まってきました。

仕込まれていたスパイウェア

今度は、その怪しいメインメモリを私たちが持って来たパソコンに搭載してみました。すると、先ほどまで問題なく動いていたはずなのに、怪しい動きが再現されたのです。私は特殊なツールを使って、「怪しい動き」が具体的にどう怪しいのかを調べてみました。

その結果、このメインメモリは、compnote内部に保存されているあらゆるファイルをコピーして、それをインターネット経由で特定の場所に送信していたことがわかりました。

つまり、本来はパソコンが動作をするための作業場所として使われるメインメモリですが、そこに取りつけられている半導体チップの一つが、スパイウェアを仕込んだものに入れ替えられていたのです。悪用されるおそれもあるため、詳しくは言えないのですが、ごく簡略化すると「半導体チップに仕込まれたスパイウェアの仕組みに、セキュリティ対策ソフトが対応していなかった」ため、検知されることなく動きまわっていたというわけです。にわかにまわりが騒々しくなりました。

秘密通信「Tor」

「映画みたいですね」

不謹慎ですが、金山君と私のテンションは上がってきました。

「それじゃあ、通信内容を調べてどこに送信しているのかを突き止めるぞ」

今度は「ネットワークアナライザー」とよばれる、インターネットなどの通信内容を詳細に調べるソフトにかけてみました。すると、「Tor」（トーア）という仕組みを使い、三つの国を経由して、ある国のサーバに向けてさまざまなファイルが送信されていたのです。

Torは、もともとアメリカ海軍が開発した秘密通信の仕組みで、本来の目的は、言論弾圧が激しい国の活動家のサポートや、軍事的な情報のやりとりを、インターネットを介して秘密裏に行うためのものでした。ところが、無償で一般に公開されたことから、アンダーグラウンドな人たちにも使われるようになり、犯罪組織やテロ組織などが利用するケースが増えてきて問題になっています。

「誰がこのメモリを仕込んだのかわかりますか？」

首相の側近と思われる人が、通訳をとおして聞いてきました。

「そこまではわかりませんが、いつ仕込まれたのかはわかります」

私はスパイウェアが動きはじめた日時を突き止めそれを伝えました。首相の周辺は「その日時」を聞いてかなりショックを受けている様子だったのはたしかです。

私と金山君の対応は、当然ながらここまでとなりました。ホテルの外に出ると、ほっとしたのか首が異常に凝っていたことに気がつきました。「映画みたい」と言っていた金山君も両肩をぐるぐるとほぐしています。

「笹島さん、記念写真は撮れませんでしたね」

コラム５

ディープでダークなウェブの深海

「笹島さん、えらい久しぶりやなぁ。元気かいな。どうでもええけど」

大原刑事は、ある事件で押収したパソコンのパスワードを解除してほしいとのことでテクノサポートセンターに来ていました。

「どうでもいいんだったら聞かないでくださいよ。大原さんこそ、お元気ですか？　どうでもいいですけど」

「ははー、あんた、最近、俺に言い返すようになったな」

私はショールームの隣にある会議室に大原刑事を案内して、ある手順でパスワード解除を行っていました。このような捜査協力でパソコンを操作する際には、捜査員は決して目を離しません。今回も大原刑事の目の前ですべての作業を行います。

目を離した隙にパスワードが解除され、秘匿ファイルが見られて悪用される……そのような事態を防ぐためですが、「それよりも、捜査官（俺）と捜査協力者（あんた）が軽口を叩きあえるような信頼関係を保つことが大事なんや」と大原刑事は言います。

またも現れた「Tor Browser」

今回は、とくに問題もなく解除できたので、ついでにWindowsの起動確認なども行うことにしました。すると、ふつうはモニタの壁紙にはいくつものアイコンが並んでいるものですが、画面にはたった一つのアイコンしか表示されていません。（なんだこれは？）私は心の中でつぶやきました。

そのアイコンには「Tor Browser」（トーア・ブラウザ）という名前がついてます。

私は大原刑事に聞いてみました。

「これはどんな事件がらみですか？」

「それは言えん」

「そうですよね」

「なんで、興味をもつんや」

「このアイコンなんですけど、あまり見ることがないですから」

私はアイコンを指さしながら言いました。

違法行為に使われる秘密通信

みなさんがふだんホームページを見るときには、Internet Explorer や Chrome などを使っていると思います。これらのホームページを見るためのアプリケーションのことを総称して「ウェブブラウザ」といいます。

「トーア・ブラウザ」もウェブブラウザの一つですが、じつは、本章で登場したアメリカ海軍が開発した「Tor」とよばれる秘密通信の仕組みをもつブラウザなのです。

「Tor は、匿名性とデータの秘密性が高いことから悪用されることも多いのは紹介したとおりです。２０１４年には、この仕組みを利用し、ビットコインで売買できる闇取引サイト「シルクロード」など、400以上のサイトが閉鎖されたことがありました。[注4] これらの闇サイトでは、大規模な違法薬物取引や盗難クレジットカード情報などが取り引きされていました。

日本でも、2012年に起こった遠隔操作ウィルス事件[注5]で犯人はTorを使っていたといわれています。


「ということは、このパソコンは何か違法な取引をしていたっていうことか？」

「おそらくそうだと思います。詳しく調べるには実際にインターネットに接続してみるのがいいですね」

「じゃ、すぐにつないで」

私はトーア・ブラウザを起動してみました。すると、匿名性を確保するために、このcompnoteからイギリス、オランダ、アメリカを経由して、あるホームページに接続されました（追跡を防ぐために、経由する国は接続するたびに変わります）。

そこにはさまざまな違法薬物の取引価格、販売元の販売実績、購入者レビューまで載っています。また、怪しげな掲示板のリンクが登録されていて、非合法な仕事を請け負う人たちのための求人サイトまでありました。別のサイトでは、違法な映像の売買、人身売買などの情報が掲載されています。

これらのホームページのほとんどは英語で、日本の警察がどこまで把握しているのかわかりませんが、犯罪行為そのものが日本で行われているかが不確かですし、アドレスが随時変更されてしまうために追跡が難しいのもたしかなようです。

はてしなく広がる「ダークウェブ」

「こういうサイトのことを『ダークウェブ』っていいます」

「そのダークウェブっていうのは何？」

ダークウェブのことを知るためには「サーフェイスウェブ」や「ディープウェブ」についても知る必要があります。

私は順を追って説明しました。

ネットで何か調べたいときはYahoo！[注6]やGoogle[注7]で検索する人がほとんどだと思います。iPhoneを持っていればSiri[注8]にたずねてみるという人もいるでしょう。それらで検索をすると、日本中、世界中の該当するサイトがほぼ瞬時に表示されます。しかも無料です。

検索サイトでは検索エンジンとよばれるものが裏で動いています。ユーザにとって検索サイトはインターネットの入り口としての役割をはたしており、この検索エンジンによって表示されないサイトは「インターネット上に存在しないも同然」ということになります。

ＩＴの世界では、Yahoo!やGoogleで検索すると表示されるサイトのことを「サーフェイスウェブ」（あるいは「表層ウェブ」）といいます。「サーフェイス」とは「表面」とか「上辺」という意味です。

対して、Yahoo!やGoogleで検索しても決して表示されないサイトのことを「ディープウェブ」（あるいは「深層ウェブ」）といいます。

これは、海にたとえるとわかりやすいのですが、海面近くで漁船が操業に出て

ウェブの世界

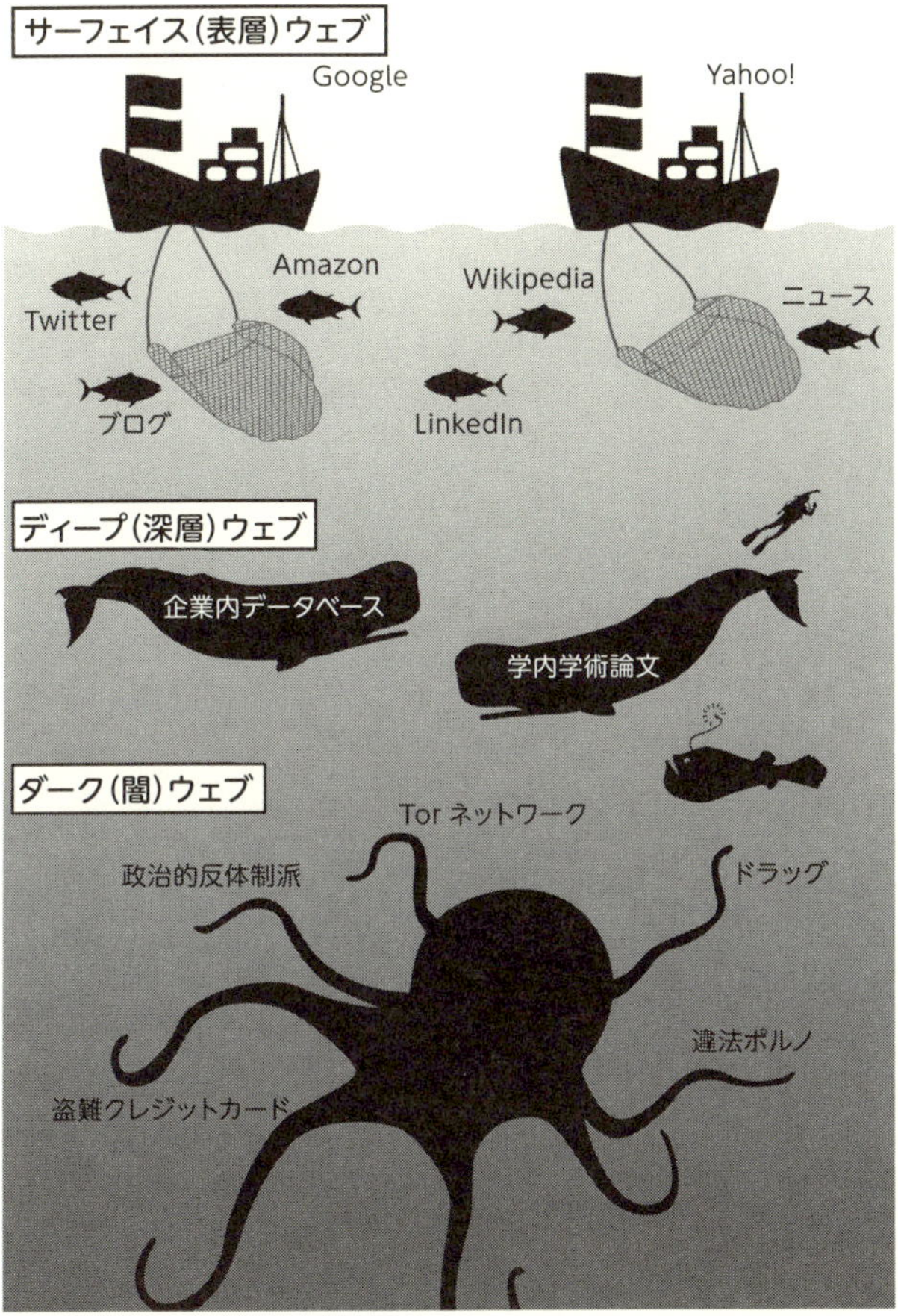
サーフェイス(表層)ウェブ
Google
Yahoo!
Amazon
Wikipedia
ニュース
Twitter
ブログ
LinkedIn
ディープ(深層)ウェブ
企業内データベース
学内学術論文
ダーク(闇)ウェブ
Tor ネットワーク
政治的反体制派
ドラッグ
違法ポルノ
盗難クレジットカード

いる部分はサーフェイスウェブで、それより深い下の部分には、ふつうに検索してもヒットしないディープウェブが広がっているのです。その割合は、海面に近いサーフェイスウェブが1％、海面より下のディープウェブは99％といわれています。

さらに、この膨大な規模をもつディープウェブのもっとも奥深いところに「ダークウェブ」（あるいは「闇ウェブ」）とよばれるサイト群があるのです。このダークウェブはディープウェブのうちのかなりの割合を占めるといわれていますが、正確にはわかっていません。

「……ということです」
「知るわけないやろ。そんなん。作業を続けてやー」

カメラの横のライトが緑色に光る！

私は「お気に入り」に登録されているダークウェブに順番にアクセスしていき

ました。すると、Torの仕組みを使ってネット上にファイルを保存するサイトが見つかりました。

試しに、どんなファイルが保存されているのか開いてみると、大原刑事は鋭い声でストップをかけました。

「これや！　探していた□□□□□のファイルや！　すぐにコピーして！」

私は言われるがままＵＳＢメモリを差し込み、コピーを始めました。どうやら違法薬物にかんするファイルのようですが、私が見ても詳しいことがわかるわけがありません。

黙ってコピーが完了するのを待っていたところ、突然compnoteに内蔵されているカメラの横にある小さなランプが緑色に点灯しました。これはカメラが撮影を始めたということで、当然、私と大原刑事を撮影しているということになります。

私は驚いて指でカメラを押さえ、自分の口を手でふさいで大原刑事を振り返り、大きくゆっくり首を横に振りました。

カメラが撮影を始めたということは、マイクもオンになった可能性があります。とりあえず、カメラを紙とテープでふさぎ、マイクはオフ、それでも念のためにメモを取り出して筆談することにしました。

（いつから？）

（USB差し込む　自動的にカメラがオン）

（なんのために？）

（操作している人を記録！）

（バレた？）

（カメラ　すぐに指）

（ネットから　犯人に流れた？）

（たぶん大丈夫）

（たぶん？　流れた可能性も？）

（調べます）

テクノサポートセンターの無線ＬＡＮの使用状況を詳しく調べてみましたが、映像や音声が流れた形跡はなかったのでひと安心でした。

いまは警察内にＩＴを担当する部署もあり、専門的な知識もあるので、ここまで民間人が立ち入って捜査協力するということはないと聞いています。

注1　DVDの場合、世界を6つのエリア（1〜6）に分けていて、他エリアのDVDを持って来ても視聴ができないようになっています。たとえば日本は地域コードが2で北米地域は1なので、地域コードが1に設定されているDVDを北米で買ってきて、地域コード2に設定されている日本のパソコンで再生しようとしても再生できません。なお、Blu-rayについても地域コードがありますが、DVDよりも簡素化されていて、世界を3つのエリア（A・B・C）に分けています。日本と北米は同じ「A」になります。

注2　ただしメーカーによっては出荷時に地域コードを2に設定してから出荷している場合もありますので、その場合、ユーザ側で変更できるのは残り4回ということになります。ちなみにAV家電として売られているDVDプレーヤーやBlu-rayプレーヤー機器は、工場出荷時に設定した地域コードで固定されており変更はできないようになっています。

注3　パソコンに詳しい人なら、ここで型番と製造番号が違うので大丈夫か？　と思われるでしょう。大丈夫です。ちゃんと型番と製造番号を書き換える特殊なツールを持っているので、それを使ってから作業しています。

注4　現在では少なくともアメリカ政府はTorによる通信を解読できるようになっており、必要に応じて各国の警察に情報提供されているともいわれています。

注5　インターネットの電子掲示板を介して他人のパソコンを遠隔操作し、これを踏み台として、脅迫や、襲撃・殺人などの犯罪予告を行ったサイバー犯罪事件。「遠隔操作ウィルス事件」とよばれています。

注6　インターネットの検索サービスを提供することを目的としたYahoo!株式会社は、ソフトバンクの創業者である孫正義がアメリカのYahoo! Inc.と合弁することにより1996年1月設立されました。同年4月に「Yahoo! JAPAN」の提供を開始。当初は独自の検索エンジンであるYST（Yahoo! Search

Technology）を使っていましたが２０１０年7月にGoogleの検索エンジンに移行し現在にいたります。

注7　アメリカのラリー・ペイジとセルゲイ・ブリンによって１９９８年に創業されました。もっとも有名なサービスとして世界最大の検索エンジンを持ち、この検索エンジンは世界の各所に設置されている１００万台を超えるサーバによって運営されています。また、検索エンジン以外にも「世界中の情報を整理し、世界中の人々がアクセスできて使えるようにすること」をモットーにさまざまなサービスを展開しています。日本国内における検索エンジンのシェアは8割を超えます。

注8　アップル社のアイフォン（iPhone）やアイパッド（iPad）に搭載される音声アシスタント機能。音声認識によるホームページの検索のほかに一部機能の操作なども可能です。

おわりに

かつて、ある修羅場だった特殊対応が終わったときに、私はお客様から言われたことがあります。

「そんな仕事よくやってるね」

自分でもそう思いました。

いま考えれば、なぜ、ほかの仕事を考えなかったのだろうかと思います。

当時は「誰かがやらなければならない」「自分は選ばれてこの担当をすることになったのだ」と思っていたのです。

私は、使命感すらもっていました。その背景には「与えられた仕事は黙ってするもの」という社会の風潮もあったと思います。私は古い人間なので、この風潮自体を全否定するつもりはいまでもありません。

ただし、それが「いきすぎた働き方」の強要となってしまうのは、いかがなものでしょうか。会社を守るため、あるいは業績を上げるためと称して、コンプライアンスを軽視する行動を取る。「会社を守る」「業績を上げる」という大義名分を言い訳にして、行動への責任が希薄になり、あげくのはてには、「人を使い捨てにする」といった状況が常態化してしまうのです。

「モノづくり」「モノ売り」のもとになるのは「ヒトづくり」

どのようなビジネスでも事業が大きくなると、当然、関連する業務は増えます。その増えた業務を効率よく進めていくためには役割分担が必要になり、その分担に応じて人が増えていきます。

役割が細分化され、人が増えれば効率は上がりますが、細分化されるのと同時に、責任感も細分化されてしまいます。責任感が細分化されると、大きな組織のなかであっても、自分に割り当てられた役割の範囲でしか責任を感じることがなくなり、全体としては「無責任体制」となってしまいます。

なぜ、「全体として無責任体制」になってしまうのか？　それは、各部門・各部署が、責任を負う必要のない他部門・他部署に対して無関心になり、どこで何が起こっているのかお互いにわからなくなるからです。

さらにいえば、各部門・各部署にとって都合のよい情報のみを共有し、都合の悪い情報は隠しあうことになるからなのです。

私は、特殊対応業務がまるで「存在しない部署」のような扱いを受けてきたこともあって、この業務で見知ってきた多くのことを、できるだけ風通しのよい状況で、分かちあいたいと考えていました。

「責任感の細分化」ではなく、「責任感の共有」こそ組織全体の財産になりうるのだと思っていたのですが、残念ながら会社では理解を得ることはできませんでした。

みなさんは、「私が特殊対応でこのような重クレームに対処した」情報と、たとえば「隣の部署ではこのような失敗があり損益がこれだけ出た」という情報と、その二つを「共有」したところで、何かが生まれるわけなどないではないか？　そう思われるかもしれません。

しかし、相互にとっては思わぬ気づきもあるでしょうし、どちらかに似たようなケースが出来《しゅったい》した場合はリカバリが早くなる可能性もあります。

何よりも、困っている仲間に手を差し延べるには、情報を知らなければ、差し延べようもないのです。

社内で情報の隠しあいが横行すると、まともな製品づくりができなくなるだけでなく、組織を痛めつけることになります。やがては経営トップまでが、何が起こっているのかわからなくなるという異常な状況に陥るのではないでしょうか。

私は、メーカーは「モノづくり」と「モノ売り」に固執するあまり、「ヒトづくり」を忘れてしまってはいけないと思っています。

結局のところ、最初にモノを考えるのも、モノをつくるのも、そしてそのモノを売るのもすべては「ヒト」です。その「ヒトづくり」を怠り、おろそかにすることが、私のような働き方を横行させる結果になったのではないかと思っています。

あなたのやっている仕事は理にかなっているか？

私は、内部告発がしたくて本書を書いたわけではないことは、すでに述べました。

私が本書で言いたかったのは、もし、いま、かつての私が行っていたような仕事をしている人がいるのなら、一度立ち止まって、

「あなたのやっている仕事は本当に適正か」

「あなたの働き方は本当に理にかなっているか」

を、見直してほしいということなのです。


仕事とは、誰のためのものなのか、なんのためのものなのか――自らに問いかけ、それが本当に自分の人生にとって悔いることがないかどうか、あるいは不正行為に手を染めていないかどうか、不正行為とまではいわなくても、道義的に問題のあるような言動や行動をしていないかどうかを、見直してほしいのです。

私は会社のため、世の中のため、誰かがやらなければならないという使命感のため、特殊対応業務に就いていました。どんなに酷いめにあっても会社を辞めなかった理由は、父を早くに亡くし、苦労して育ててくれた母が「自分の息子は一流企業に勤めている」ということを誇りに思っていたからです。

母は、私が特殊対応で「大活躍」している時期に亡くなりましたが、最後まで私の仕事のことは知りませんでした。

あのとき言えなかった御礼を込めて

特殊対応はその業務の性質上、そのまま公開することはできない内容をふくんでいます。そのため、本書で紹介したさまざまなエピソードは、すべて事実に基づいてはいますが、登場する人物や団体はすべて仮名とし、地域や職種、時代背景についても特定されないようにぼやかしています。ほかにも、お伝えしたいさまざまなエピソードがありましたが、残念ながら今回は、ご紹介しきれませんでした。

また、パソコンの知識がないと理解できない部分は、できるだけ技術的な解説を加えていますが、難解すぎるところは簡略化しています。とくにパスワード解除などについては悪用されるおそれがあることから、具体的にはふれないようにしました。

前職で私とともに仕事をしたTさんとKさんは、最後の最後まで私の味方でいてくれました。私にとっては会社の上下関係を超えた戦友で、一緒に仕事ができたことは、生涯にわたって忘れることはありません。

そして、特殊対応の前任者である今山さん（仮名）に、心からのお礼を申しあげたいと思います。今山さんが孤軍奮闘、たった一人で特殊対応にあたっていた姿は、私には「歴戦の勇士」に見えていました。ただ、事情により退職し、その後、家族を残して自ら命を絶ったのです。

あのとき言えなかった「心からのお礼」を、私は本書に込めたくて筆をとったといっても過言ではありません。


また、当初は本になるかどうかもわからない状態で、夜中に孤独を感じながら原稿を書き続けるのは想像以上につらい作業でした。そんなとき、ブログやFacebookを通じて、さまざまな方々からメッセージをいただけたことは、暗闇の中に差す一条の光となり、前進するための道標となりました。

最後に筆をおくにあたり、いつも笑顔で見守ってくれた妻と息子、そして最後まで読んでいただいた読者のみなさまに深く感謝いたします。

ありがとうございました。

2017年10月　　著者記す

ディスカヴァー携書 187

一流家電メーカー「特殊対応」社員の告白

発行日　2017年11月10日　第1刷

Author　笹島健治

Book Designer　石間 淳

Publication　株式会社ディスカヴァー・トゥエンティワン
〒102-0093　東京都千代田区平河町2-16-1 平河町森タワー11F
TEL　03-3237-8321（代表）
FAX　03-3237-8323
http://www.d21.co.jp

Publisher & Editor　干場弓子
Editor　林秀樹

Marketing Group
Staff　小田孝文　井筒浩　千葉潤子　飯田智樹　佐藤昌幸　谷口奈緒美
古矢薫　蛯原昇　安永智洋　鍋田匠伴　榊原僚　佐竹祐哉　廣内悠理
梅本翔太　田中姫菜　橋本莉奈　川島理　庄司知世　谷中卓
小田木もも

Productive Group
Staff　藤田浩芳　千葉正幸　原典宏　三谷祐一　大山聡子　大竹朝子
堀部直人　林拓馬　塔下太朗　松石悠　木下智尋　渡辺基志

E-Business Group
Staff　松原史与志　中澤泰宏　中村郁子　伊東佑真　牧野類

Global & Public Relations Group
Staff　郭迪　田中亜紀　杉田彰子　倉田華　李瑋玲　蔣青致

Operating & Accounting Group
Staff　山中麻吏　吉澤道子　小関勝則　西川なつか　奥田千晶　池田望
福永友紀

Assistant Staff　俵敬子　町田加奈子　丸山香織　小林里美　井澤徳子　藤井多穂子
藤井かおり　葛目美枝子　伊藤香　常徳すみ　鈴木洋子　内山典子
石橋佐知子　伊藤由美　押切芽生　小川弘代　越野志絵良　林玉緒
小木曽礼丈

Proofreader & DTP　株式会社T&K

Printing　共同印刷株式会社

ISBN978-4-7993-2195-9　　携書ロゴ：長坂勇司